독일 간 김에 순례

뮌헨과 남부 독일

독일 간 김에 순례
뮌헨과 남부 독일

2025년 5월 30일 교회 인가
2025년 6월 12일 초판 1쇄

지은이	차윤석
구 성	김인섭 · 오승욱
펴낸이	박현동
펴낸곳	성 베네딕도회 왜관수도원 분도출판사
찍은곳	분도인쇄소

등록	1962년 5월 7일 라15호
주소	04606 서울 중구 장충단로 188 분도빌딩(분도출판사 편집부)
	39889 경북 칠곡군 왜관읍 관문로 61(분도인쇄소)
전화	02-2266-3605(분도출판사) · 054-970-2400(분도인쇄소)
팩스	02-2271-3605(분도출판사) · 054-971-0179(분도인쇄소)
홈페이지	www.bundobook.co.kr

ⓒ 차윤석, 오승욱 2025

ISBN	978-89-419-2507-1	04230
	978-89-419-2550-7	(세트)

저작권법에 의해 보호를 받는 저작물이프로 무단 전재와 무단 복제를 금합니다.
이 책의 본문 종이는 FSC® 인증을 받은 친환경 용지를 사용했습니다.

독일 간 김에 순례

뮌헨과 남부 독일

차윤석 지음

분도출판사

일러두기

1. 성경 인용문과 인명·지명은 『성경』(한국천주교주교회의 2005)을 따르되, 신약 성경 인용문은 『200주년 신약 성서』(분도출판사 1997)를 따랐다.
2. 가톨릭 성인명은 한국천주교주교회의의 '외국 성인명 등의 한글 표기'를 따랐다. 그 외 외래어 인명·지명 및 고유명사는 문화체육관광부가 고시한 '외래어 표기법'을 따랐다. 다만, 우리에게 이미 익숙한 몇몇 인명·지명(예: 상트 오틸리엔)은 관용을 존중했다.

차례

간 김에 순례를 떠나며 6
독일 뮌헨으로 출발! 8
빛의 그루터기: 영성의 샘터 바이에른의 성당과 베네딕도회 수도원 10

D1 뮌헨 도심 속 빛을 찾아서 15
베네딕트 투어 어라운드 ▐▐▐ 다하우 강제수용소 안 주님의 집 32

D2 거룩한 산으로 가는 하이킹 순례 37
베네딕트 투어 어라운드 ▐▐▐ 암머호를 따라 한 바퀴 53
테게른제 수도원 55

D3 바이에른의 신앙이 시작된 은총의 장소 알퇴팅 59
베네딕트 투어 어라운드 ▐▐▐ 파사우 81
'바이에른의 바다'의 두 섬을 찾아서 86

D4 알프스 자락 영혼의 오아시스를 찾아서 89
베네딕트 투어 어라운드 ▐▐▐ 하느님의 은총을 체험하는 시공간 114
추크슈피체 아래서 만나는 하느님과 나 118

D5 가정 성화의 모범을 찾아 121
베네딕트 투어 어라운드 ▐▐▐ 샤이에른 베네딕도회 수도원 143

D6 도나우강 신앙의 요람 레겐스부르크를 찾아서 147
베네딕트 투어 어라운드 ▐▐▐ 도나우 협곡의 천년 수도원을 찾아서 167

D7 한국 교회의 뿌리를 찾아서 171
베네딕트 투어 어라운드 ▐▐▐ 슈타른베르크 호수의 숨은 진주들 196

사진 출처 200

> 간 김에 순례를 떠나며

"믿음은 하느님과 동행하는 끝없는 여정입니다."
프란치스코 교황

유럽에 그리스도교가 뿌리내린 이래, 하느님의 은총을 청하러 먼 길을 떠나는 이들이 있었습니다. 자기 마을을 벗어나는 일조차 드물었던 시대에 순례는 큰 모험이었고, 더구나 예루살렘 성지순례는 목숨까지 하느님께 온전히 맡기는 행위였습니다. 그래서 순례자는 또 다른 신앙의 증거자로 공경을 받았습니다.

샬롱 시노드에서 내적 순례가 권장되면서 중세인의 삶 속에서 순례가 자리 잡기 시작합니다. 전쟁과 전염병으로 고통받던 시기, 사람들은 가까운 성지를 순례하며 하느님의 은총을 간구하고, 성모님과 성인들의 도움을 청하였습니다.

오늘날 우리도 마찬가지입니다. 19세기의 산업화가 초래한 문제는 여전히 남아 있고, 황금만능주의와 무한 경쟁의 삶에 매몰되어 남을 돌아볼 여유조차 잃어 버렸습니다. 아침에 커피를 마시며 텔레비전에으로 참혹한 전쟁 뉴스를 보는 것도 익숙해졌습니다. 게다가 저마다 지고 가는 십자가도 하나씩 있습니다. 그럴 때일수록 삶에서 한 걸음 물러나 하느님과 만남이 절실합니다. 가만히 돌이켜보면, 처음 상경해서 오가며 들렀던 명동 성당과 약현 성당, 독일 유학 시절 대학가와 주변 수도원들은 지친 몸과 마음을 치유받는 은총의 장소였습니다.

유럽에는 성모 발현 성지 외에도 그 지역 신자들의 신앙심이 수백 년 넘게 뿌리내린 그런 일상의 순례지가 많습니다. 하지만 우리에게 잘 알려지지 않은 곳이 대부분입니다. 관광 명소로 알려졌을 뿐 그곳이 순례 성지임을 모르고 지나치는 곳도 있습니다.

요즘 비즈니스나 가족 여행으로 유럽을 방문할 기회가 많아졌습니다. 유명한 성지를 찾아가는 것만이 순례가 아닐 겁니다. 낯선 환경에서 하느님을 만나면서 자기 삶과 신앙을 돌아보는 순간과 여정도 순례입니다. 그래서 유럽에서 뜻밖의 순간이 순례가 되고, 은총의 시간이 될 수 있습니다.

'간 김에 순례'는 바로 그 순간을 위해 기획한 시리즈입니다. 해외 일정 중 잠시 시간을 내어 신앙의 장소를 쉽게 방문하도록 만든 안내서입니다. 유럽에서 유학한 신부님들과 지인들의 경험과 지식을 모아서 우리 삶을 재정비하고 내면을 충전할 수 있는 신앙의 장소들을 추렸습니다. 순례지의 종교적·역사적 이야기뿐 아니라 실용적 여행 정보도 곁들여서, 자기 내면을 찾는 이들에게는 영적인 울림을, 역사와 문화에 관심 있는 이들에게는 알찬 여정을 선사하고자 합니다. 이 책은 시리즈 중 첫 번째 권으로 독일 신앙의 심장이라 불리는 뮌헨과 바이에른의 순례지를 다룹니다. 6세기 말에서 8세기 초 알프스 이북의 게르만족 복음화의 중심지였으며, 지금까지 순례자의 발길이 이어지고 있는 수도원과 성당들입니다. 우리 한국교회와 인연이 깊은 곳도 있습니다.

이 시리즈가 삶이 순례인 우리가 잊고 지내던 하느님을 일상에서 다시 만나는 기쁨의 순간, '그분의 발이 서 있는 곳'에 다가가는 가교가 되기를 기도합니다. 끝으로 이 시리즈를 위해 도와주신 베네딕도회 신부님과 신학교 교수 신부님, 특히 분도포럼 회원들께 감사합니다.

2025년 5월 장충동에서
차윤석 베네딕도

독일 뮌헨으로 출발!

베를린과 함부르크에 이어 세 번째로 큰 독일 도시이자 맥주의 도시 뮌헨에서 열리는 박람회에 가게 됐어! 미팅과 출장 일정이 끝난 후 자투리 시간, 다들 가 보는 SNS의 명소도 좋지만 반나절이나 하루 일정의 순례는 어떨까?

빛의 그루터기
영성의 샘터
바이에른의 성당과 베네딕도회 수도원

하느님은 일상의 한복판에서도 우리를 부르신다

독일 남부, 특히 바이에른 지방은 독일에서 가톨릭 신앙을 고수한 지역으로, 아름다운 경치와 다채로운 건축과 예술뿐 아니라, 하늘과 땅이 맞닿는 영적인 장소로 가득하다. 그 중심에는 성모 신심의 장소와 베네딕도회 수도원이 있다.

주님의 길은 도시의 첨탑 위에서도 빛난다

뮌헨, 레겐스부르크, 파사우 등의 주교좌 도시들은 가톨릭 교회의 전통을 간직한 상징적인 도시다. 이 도시들은 오늘날에도 영적 등대처럼 순례자의 앞길을 밝게 비춘다.

| 1 | 2 | 3 |

1 **에탈 베네딕도회 수도원** 알프스 자락의 하느님 학교. 그곳에 피어난 성모 신심
2 **도나우강 협곡의 벨텐부르크 베네딕도회 수도원** 흐르는 물처럼 은총도 순례자에게 조용히 스며든다.
3 **독일 바이에른 가톨릭의 심장 알퇴팅** 회심의 여정이 검은 성모님의 자애로운 품에서 시작된다.

| 1 | 3 |
| 2 | |

1 전통과 현대, 자연과 도시가 만나는 **바이에른 순례의 관문 뮌헨**
2 **고딕의 정수를 보여 주는 레겐스부르크** 빛을 따라 하느님께 이르는 돌다리를 걸어 보자.
3 **아이히슈테트 대성당의 주 제대** 성인 가족의 삶은 오늘도 우리에게 등불이 된다.

발걸음마다 은총이 내려앉는 순례의 길

'기도하고 일하라'라는 성 베네딕도의 가르침에 따라 사는 베네딕도회 수도원은 바이에른 가톨릭의 시작이자 중세 초기부터 지금까지 종교적 중심지로서 기능했다. 초기 베네딕도회 수도원 등이 바이에른에 신앙의 씨앗을 뿌렸다면 20세기부터 상트 오틸리엔 수도원이 그 열매를 가꾸고 있다.

|1| |4|
|2|3| |

1 **베네딕도 성인의 도시 베네딕트보이에른** 알프스를 넘는 길마다 기도하고 일하는 수도자의 삶이 뿌리를 내렸다.
2 과거의 신앙이 오늘의 희망을 지탱한다. 왕과 수도자, 전통과 신앙이 만나는 곳 **샤이에른 베네딕도회 수도원**
3 **선교와 수도 생활이 공존하는 영적 공동체 상트 오틸리엔** 왜관 베네딕도회 수도원이 속한 성 베네딕도회 오틸리엔 연합회의 모원으로 한국 교회를 위해 순교한 독일 수도자들의 고향이다.
4 주님은 언제나 높은 곳에서 우리를 기다리신다. **안덱스 베네딕도회 수도원**

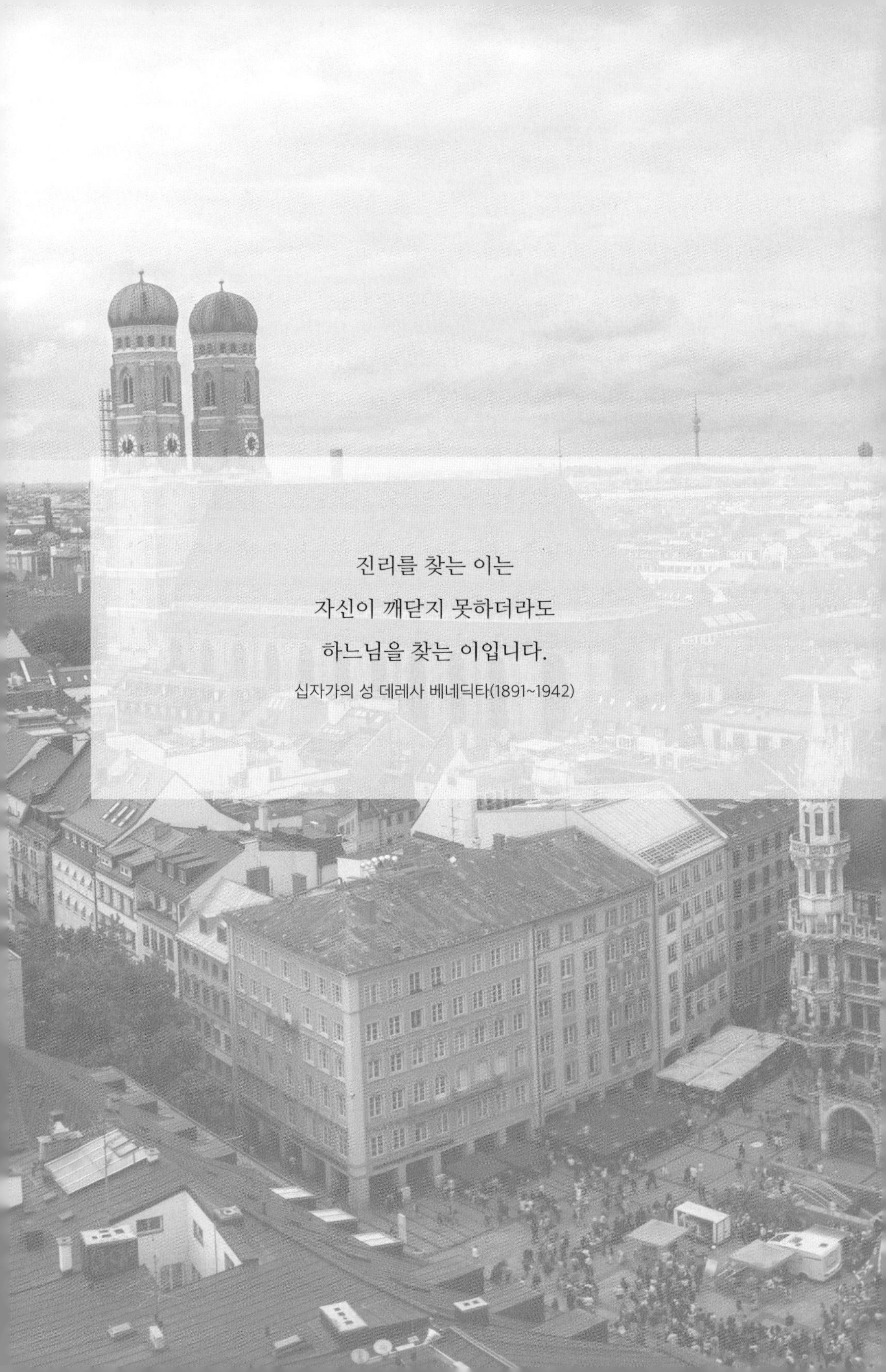

진리를 찾는 이는
자신이 깨닫지 못하더라도
하느님을 찾는 이입니다.

십자가의 성 데레사 베네딕타(1891~1942)

뮌헨 도심 속 빛을 찾아서

#마리엔플라츠 #신시청사 #장크트페터 #프라우엔키르헤
#뮌헨대성당 #의전사제 #뮌헨도심_성당 #프라이징
#다하우강제수용소 #다하우성혈수녀원

성모님의, 성모님에 의한, 성모님을 위한 도시

일상에서 마음의 순례는 하느님께 힘을 얻는 방법이며, 삶의 여정으로 지친 영혼을 충전하는 시간이다. 유럽 출장이나 여행은 마음뿐 아니라 몸으로도 직접 순례할 좋은 기회다. 일정 중에 주말이 끼여 있다면 금상첨화다. 신자로서 주일미사를 참례하면서 유서 깊은 유럽의 성당이나 수도원을 순례할 수 있기 때문이다.

한편으로 고민도 생긴다. 낯선 곳에서 어떻게 성당을 찾을지, 또 언제 미사에 참례할 수 있는지 정보를 찾기가 어렵기 때문이다. 하지만 바이에른의 주도州都 뮌헨에서라면 염려는 붙들어 매시라.

뮌헨을 대표하는 건 맥주만이 아니다. 성모 신심으로 둘째가라면 서러워할 곳이 뮌헨이다. 마리엔플라츠 역에서 지상으로 올라오면 도보 5분 거리 안에 성당들이 즐비하다. 도심의 명소를 자연스럽게 둘러보면서 마음의 평화를 주는 영적 오아시스에서 쉴 수 있으니 그야말로 "당케 쇤~"Danke schön이다.

광장에 들어서면 인파 속에 우뚝 선 기둥 위 황금빛 성모상이 눈에 먼저 들어온다. 마치 서울 광화문 광장의 세종대왕 동상처

아기 예수를 안고 초승달 위에 서 있는 **성모 마리아 기둥** 기단에 괴물을 무찌르는 아기 천사는 ①용(기아), ②뱀(불신), ③바실리스크(페스트), ④사자(전쟁)와의 싸움에서 승리를 표현한다.

19세기 네오고딕 양식의 뮌헨 신시청사의 '시계탑 인형극'Glockenspiel 매일 32명의 인물이 등장하는 인형극과 43개의 종으로 구성된 편종 연주가 유명하다. 성금요일과 성인의 축일을 제외하고, 매일 오전 11시, 12시, 5월부터 10월 여름철에는 오후 5시에도 10분간 연주한다.

럼 아기 예수님을 안은 성모님이 이국에서 온 방문객을 맞이한다. 1158년 뮌헨이란 지명이 역사 속에 처음 등장하기 전부터 이 광장은 중심지였지만, 이름 없이 그냥 시장, 광장이라고만 불렸다. 하지만 독일 역사에서 가장 참혹했던 '30년전쟁' 동안 흑사병과 외세의 침입을 겪은 뒤 이곳은 성모 광장, 즉 '마리엔플라츠'Marienplatz라고 불리게 됐다.

바이에른의 막시밀리안 1세 선제후(1573~1651)는 전란에도 뮌헨이 무사하면 "하느님을 기쁘게 하는 건축물"을 세우겠다고 맹세했다. 하지만 뮌헨은 신교 스웨덴군에게 그만 점령당하고 만다. 전쟁 중 스웨덴 군대가 지나간 자리는 참혹 그 자체였다. 그런데도 도시가 무사했던 건 온전히 성모님의 보호라고 생각하여 감사의 표시로 1638년 광장에 기

> 시계탑 인형극은 밤에는 못 보나요?
>
> 저녁 9시에 자장가가 울려 퍼지며 뮌헨의 꼬마 수도승이 반겨 줄 거야.

마리엔플라츠의 베네딕도 16세 교황(2006) 전통적으로 뮌헨 대주교는 착좌식과 퇴임식 때 이곳을 찾아 바이에른의 수호자인 성모님께 감사와 작별의 기도를 봉헌한다. 뮌헨 대교구장이었던 베네딕도 16세는 교황청 장관으로 계속 일해야 했기에, 성모님께 작별을 고할 기회가 없었다. 이후 교황으로 선출된 뒤 이곳을 찾아 감사의 기도를 드렸다.

둥을 높이 세우고 뮌헨 대성당에 있던 성모상을 모셨다. 실제로 스웨덴군 지휘부는 신교 도시 마그데부르크 파괴에 대한 보복으로 뮌헨을 철저히 파괴하려 했지만, 돌연 스웨덴 국왕이 마음을 고쳐먹고 저지 명령을 내렸다. 기적이 아닐 수 없다. 막시밀리안 1세의 남다른 성모 신심은 바이에른 곳곳에서 볼 수 있다.

뮌헨의 자부심 장크트 페터 성당

뮌헨에서 주어진 값진 순례의 기회를 성모님께 봉헌하고 본격적으로 도심 속 성지 순례를 떠나 보자. 마리엔플라츠 남쪽으로 난 골목길에 접어들면 나지막한 언덕 위에 이른바 '노땅 베드로'라고 불리는 장크트 페터 St. Peter 성당이 보인다. 묵중하지만 소박해 보이는 고딕 양식의 외형에서도 짐작되듯, 12세기에 건축된 것이다. 뮌헨에서 가장 오래된 성당으로 어느 도시든 베드로 성인에게 봉헌된 옛 성당이라면 그 도시에서 가장 오래된 성당이라고 보면 된다.

제2차 바티칸공의회 이전의 라틴 미사 전례를 경험하고 싶다면 이곳이 제격이다. 성당 안에 들어서면 천국의 화려함을 지상에 재현한 듯한 그 화려함에도 놀라지만, 제단 끝 벽에 붙은 다소 낯선 바로크 양식의 높은 중앙 제대가 신기하다. 베르니니가 만든 성 베드로 대성전에 영

> **막시밀리안 1세는 어떤 사람?**
>
> 신성로마제국 황제 페르디난트 2세의 잉골슈타트 대학교 동창으로 권세가 막강하던 바이에른 선제후였지. 30년전쟁 때 가톨릭 동맹의 지도자였어.
> 독실한 성모 신심으로 여러 수도원과 성당을 후원했으며 가톨릭 교회 내부 개혁에도 앞장섰어.

감을 받아 18세기에 에기드 퀴린 아잠^{Egid Quirin Asam}이 만든 것이다. 아잠이 그의 형과 함께 남긴 예술적 역작을 찾아보는 것도 이번 뮌헨 도심 순례의 묘미 중 하나다.

미사가 시작되면 한 번 더 놀랄 테니 앞에 앉자. 현대식 제의가 아닌 두툼한 로마식 제의를 입은 주례 사제가 신자들에게 등을 돌리고 제대를 향해 미사를 봉헌하기 때문이다. 그래서 라틴 미사의 제의는 앞면보다 뒷면이 훨씬 화려하다.

시선이 자연스럽게 제의에서 제대로 이어진다. 제대 위에는 화려한 관을 쓴 사도 성 베드로와 네 교부가 보인다. 눈썰미가

뮌헨의 공식 상징 '꼬마 수도승'Münchner Kindl 뮌헨은 어원상 "수도승들이 사는 마을"이란 뜻으로 수도원 공동체 중심으로 도시로 발전했다.

있는 사람이라면 성 베드로가 옛날 교황들의 삼중관인 '티아라'^{Tiara}를 쓰고 있다는 것을 알아차린다. 티아라는 오랫동안 교황의 세속, 교회, 천상 권한의 상징이었다. 하지만 제2차 바티칸공의회 중 바오로 6세 교황은 티아라를 뉴욕 경매장에 팔아 가난한 이들을 위해 쓰도록 했고, 그 뒤를 이은 요한 바오로 1세 교황은 길고 화려한 전통적인 교황 대관식을 과감하게 생략하고, 티아라가 아

장크트 페터 성당과 전통 라틴 미사 교구장의 허가하에 1570년부터 1962년 전례 개혁까지 옛 로마 미사 경본에 따른 로마 전례 미사를 드릴 수 있다. 트리엔트 미사라고도 부른다.

『뉘른베르크 연대기』에 나온 뮌헨 목판화(1493) 독일 역사가 하르트만 쉐델이 세계사를 그림으로 표현한 책. 당시 장크트 페터 성당은 쌍둥이 지붕이 있는 큰 종탑이 있었지만, 1607년 여름에 번개로 소실된 후 지금의 탑으로 개축했다.

닌 팔리움을 받는 것으로 교황직을 시작했다. '하느님의 종들의 종'*Servus servorum dei* 이 쓰기에 적합하지 않다는 것이었다. 늘 낮은 데로 임하시던 프란치스코 교황의 모습이 하늘에서 뚝 떨어진 건 아닌 듯하다.

근데 이 '노땅 베드로'는 왜 옛것을 이토록 고수하려 할까? 전성기의 장크트

삼중관을 쓴 사도 성 베드로상 교황의 선종부터 새 교황 선출 때까지 티아라를 씌우지 않는다.

페터 성당은 원래 종탑이 두 개였던 로마네스크 양식의 바실리카였다. 뮌헨의 인구 증가는 오히려 장크트 페터 성당의 미래를 불투명하게 했다. 1271년 11월 24일, 지금은 뮌헨 주교좌성당인 성모 소성당이 뮌헨의 제2 본당으로 승격되고, 근처에서 병원 사목을 전담하던 '성령 성당'*Heilig-Geist Kirche* 도 제3 본당으로 승격되면서 관할 구역이 현격히 줄었다. 대신 지금의 웅장한 고딕 양식의 외관으로 다시 단장하여 그나마 체면을 살렸다.

1327년의 대화재로 뮌헨의 3분의 1이 화마에 휩싸였을 때, 장크트 페터 성당도 두 종탑을 잃고 만

다. 그 뒤 두 종탑 사이에 고딕 양식의 쌍둥이 지붕이 있는 폭넓은 종탑 하나만을 세웠다. 이제는 사방으로 개방된 전망대 덕분에 장크트 페터 성당을 찾는 사람들의 발걸음이 끊이지 않으니, 새옹지마라 할까.

 스테인드글라스 채광창으로 들어온 빛에 성령의 비둘기가 날갯짓한다. 사도 성 베드로와 여러 교부를 통해 현재까지 이어진 전통! 그렇다, 장크트 페터의 현재 모습은 권위에 대한 향수가 아니라 뮌헨 최초의 본당이었다는 자긍심의 표현이다.

천상의 예루살렘이었던 뮌헨 프라우엔키르헤

자, 이제 장크트 페터를 뒷전으로 밀어낸 성당으로 가 보자. 마리엔플라츠에서 보행자 전용 구역인 노이하우저슈트라세를 300미터 정도 걷다 보면 사람들이 멈춰 스마트폰을 들어 올리는 구간이 있다. 오른편으로 보이는 하늘 높이 솟은 두 기둥의 붉은 벽돌 성당을 한 컷에 담으려고 다들 이리저리 위치를 바꾸지만 쉽지 않다. 바로 뮌헨-프라이징 대교구 주교좌성당이다. 정식 명칭은 '사랑하

뮌헨 스카이라인을 볼 수 있는 곳
1순위는 장크트 페터 전망대. 좁은 통로로 306개의 계단을 힘들게 올라가야 하지만, 한번 올라가면 입장료가 아깝지 않다. 넓은 전망대에서 뮌헨이 한눈에 내려다보일 뿐 아니라 맑은 날이면 알프스까지 바라볼 수 있다.

가톨릭 신자 실전 독일어
- 미사: 하일리게 메세Heilige Messe(H.M.), 고테스딘스트Gottesdienst
- 묵주기도: 로젠크란츠Rosenkranz
- 고백성사: 바이히트Beicht
- (미사 중) 하느님 감사합니다: 당크 자이 곳Dank sei Gott!
- (미사 중) 평화를 빕니다: 프리데 자이 미트 디어Friede sei mit Dir!

도심 속의 쉼터
뮌헨 구도심의 성당들

주일 오전 중 마리엔플라츠 인근 성당에서 거의 매시간 미사가 봉헌된다. 정시를 알리는 교회 종소리가 울리면 그쪽으로 발걸음을 옮기면 된다.

옛 가르멜회 성당 드라이팔티히카이츠키르헤
Dreifaltigkeitskirche
주일과 대축일 10:00, 18:00 평일 8:30, 18:00
° 팔각형 구조의 성당. 삼위일체 하느님께 청원하는 성모 제단화와 천장 프레스코화

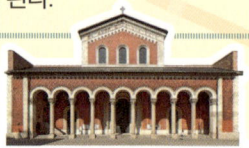

도심의 베네딕도회 수도원 성당 장크트 보니파츠 St. Bonifaz
주일과 대축일 11:15, 19:00 평일 17:45, 마지막 기도 19:30
° 네오로마네스크 공간에 현대를 구현한 제대와 십자가의 길. 수도원의 정원, 수도원 정문의 티모시 슈말츠의 노숙자 예수 청동상

예수회 성당 장크트 미하엘 St. Michael
주일과 대축일 9:00, 18:00, 21:00
평일 7:30, 18:00
° 독일에서 가장 큰 아치형 천장 아래 울리는 파이프오르간의 멜로디

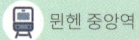 뮌헨 중앙역

마리아회 성당 뷔르거잘키르헤 Bürgersaalkirche
주일과 대축일 9:30, 11:00 평일 12:00
° 이그나츠 귄터의 수호천사상, 복자 루페르트 마이어 신부의 박물관(8:00~19:00)

옛 살레시오수녀회 성당 장크트 안나 St. Anna
주일과 대축일 9:30 평일 18:00(화~금)
° 라틴 미사, 최후의 만찬을 재현한 제대!

뮌헨 한인 성당 알러하일리겐키르헤 암 크로이츠 Allerheiligenkirche am Kreuz
주일과 대축일 15:00(우리말)
° 한국 등 외국 공동체가 공동으로 사용

뮌헨의 숨은 보석 성당 아잠키르헤 Asamkirche
주일과 대축일 10:00 평일 17:30
° 아잠 형제가 지은 개인 성당. 일곱 고해실의 우화를 꼭 살펴볼 것

뮌헨 대학 성당 장크트 루트비히 St. Ludwig
주일과 대축일 10:00, 11:30, 19:00
평일 19:00
° 노벨문학상의 소재가 된 세계에서 두 번째로 큰 제대. 프레스코화 최후의 심판

바이에른 왕궁 성당 장크트 카예탄 St. Kajetan
주일과 대축일 8:15, 10:30, 12:00, 18:30
평일 7:00, 8:00, 17:30
° 도미니코회의 라틴어 미사와 오르간 연주

Odeonsplatz

뮌헨 주교좌성당 프라우엔키르헤 Frauenkirche
주일과 대축일 10:00, 18:00 평일 8:30, 18:00
° 대축일 뮌헨-프라이징 대교구장의 교중미사

뮌헨에서 가장 오래된 성당 장크트 페터 St. Peter
주일 10:00, 18:00 평일 8:30, 18:00
° 라틴 미사 전례, 중앙 제대의 성 베드로 동상

Marienplatz

병원 성당이었던 춤 하일리겐 가이스트
Zum Heiligen Geist
주일과 대축일 9:00, 11:00, 17:00
평일 9:30, 19:00
° 마리아 제대의 테게른제 성모자상, 삼위일체 제대의 천상모후의 관을 씌워 주시는 성부, 성자, 성령

° 보통 저녁 미사 30분 전 저녁기도(5월에는 묵주기도)가 있음
° 시내에는 이외에도 성당이 더 있다. 미사 시간 변동 여부는 뮌헨-프라이징 대교구와 각 성당 웹사이트에서 확인할 것
🌐 www.erzbistum-muenchen.de/

산티아고 데 콤포스텔라의 뮌헨 출발지
장크트 야코프 St. Jakob am Anger
° 옛 프란치스코회가 순례자를 보살피던 곳으로 도심에서 가장 오래된 수도원

는 우리 성모 마리아 대성당'Dom zu unseren lieben Frau인데, 다들 줄여서 '프라우엔키르헤'Fruenkirche, 즉 성모 성당이나 뮌헨 대성당이라고 부른다.

프라우엔키르헤는 1494년에 봉헌된 500년이 넘은 오래된 성당이지만, 주교좌성당으로 승격된 것은 한참 뒤였다. 19세기까지 교구의 주교좌성당은 프라이징Freising의 장크트 마리아 · 장크트 코르비니안 대성당이었다. 일개 본당이 이런 웅장한 외관을 띤 성당이 될 수 있었던 건 역설적으로 중세 초 급격히 발전하던 뮌헨에 근거지를 둔 세속 영주와 프라이징 주교 간의 경쟁 덕분이었다.

잠시 뮌헨의 역사를 살펴보자. 어원상 뮌헨은 이자르강을 끼고 자리한 '수도승 마을'이란 뜻으로, 8세기에 뮌헨에서 50여 킬로미터 떨어진 테게른 호숫가의 성 베네딕도회 수도원의 수도자들이 이곳에 파견되어 정착했다고 한다.

1158년, 바이에른의 사자공 하인리히는 자기 영지에 생긴 작은 정착지 '무니헨'Munichen에 눈을 돌려 프라이징 근처의 다리를 없애고 뮌헨 가까이에 새 다리를 놓은 뒤, 화폐를 주조하고 시장을 열어 본거지로 삼으려 했다. 중세의 시장은 도시로서 발전할 수 있는 경제적 교두보였으므로 뮌헨은 얼마 지나지 않아 도시로 발전했다. 프라이징 주교도 뮌헨에 장크트 페터 성당을 첫 본당으로 승격시켜 신생 도시인 뮌헨을 교구의 영향 아래 두려 했지만, 결국 1240년 초 뮌헨은 비텔스바흐 가문의 본거지가 된다.

뮌헨의 인구 증가로 1271년에 본당사목구 상황이 재편됐고, 마리엔플라츠 남쪽에 있는 장크트 페터 본당 외에도 북서쪽에 교구의 대형 창고 자리에 후기 로마네스크 양식의 성당을 새로 지으며 본당을 신설했다. 그 성당이 지금

뮌헨 대성당의 쌍둥이 종탑 두 탑의 높이가 딱 1미터 차이가 난다는 설이 있으나 북쪽 탑은 98.5m, 남쪽 탑은 98.4m로 그 높이가 거의 같다.

중세 뗏목 사공 길드 깃발

이자르강 래프팅 체험 관광객들 13~19세기 이자르강과 지류인 로이자흐강은 알프스를 넘어온 물품을 바이에른 왕실 도시인 뮌헨과 란츠후트, 주교 도시인 프라이징으로 운반하던 주요 운송로였다. 그전에는 육로 운송이 대부분이었기에, 강을 건너는 다리 통행세는 그곳 통치자의 주요 수입원이었다. 당시 뗏목 사공들은 마지막 위험한 지점을 앞두고 뮌헨 남쪽 탈키르헨의 장크트 마리아 성당 앞에서 잠시 멈춰 성모님의 보호를 청했는데, 이는 현재 탈키르헨 장크트 마리아 성당까지 뗏목으로 순례하는 전통으로 이어졌다.

의 뮌헨 대성당인 프라우엔키르헤이다. 전면에 이중 탑이 있었고, 거대한 홀은 본랑과 양측 측랑으로 구성된 삼랑 형식의 구조였는데, 그 규모가 당시 뮌헨 본당인 장크트 페터보다 컸다. 세속 영주는 주교보다 자신들이 더 우위에 있음을 과시하려 했고, 이는 프라우엔키르헤 증축으로 이어졌다.

15세기 중반 지기스문트 공작은 프라우엔키르헤를 수많은 성직자가 속한 의전사제단 성당으로 증축한다. 할스파흐 출신의 궁정 건축장 요르크의 손길 아래 1468년에 새 성당의 주춧돌이 놓였고, 단 20년 만에 지금의 웅장한 모습으로 거듭났다. 현재 뮌헨의 랜드마크가 된 종탑의 돔형 지붕은 1525년 무렵에 구현됐다. 완공할 때는 흔한 사각형 탑이었지만, 당시 예루살렘의 바위 돔을 그린 도시 전경 그림이 널리 퍼지면서, 뮌헨의 프라우엔키르헤를 새로운 '천상의 예루살렘'으로 만들 계획에 양파 모형으로 돔 장식이 바뀌었다.

이제 성당으로 발걸음을 옮겨 보자. 사람들이 많이 드나드는 해시계가 보이

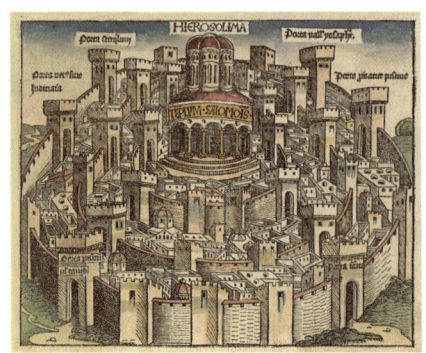
중세 유럽에 알려진 예루살렘

양파 모양의 뮌헨 대성당 북쪽 돔 구리 지붕 공작가의 상속 전쟁이 벌어져 재정적으로 어려웠고 건축 감독마저 세상을 떠나서 36년이 지나서야 양파 형태의 돔이 실현됐다

는 입구가 아니라 상대적으로 외관이 밋밋해 보이는 두 탑 사이의 정면 입구로 들어가야 성당의 참모습을 제대로 느낄 수 있다. 들어가자마자 합창단 아래 바닥에는 돌에 새겨진 발자국이 보인다. 발뒤꿈치에 박차 자국도 보이는데, 대성당 건축 감독과 내기를 한 악마가 남긴 발자국이라고 전해진다. 거기서 잠시 멈춰서 보자.

첫눈에 공간적 경계나 벽 없이 높고 가느다란 흰색이지만 밝게 빛나는 팔각형 기둥이 눈에 들어온다. 아무런 경계 없이 쭉 뻗은 본랑을 따라 양쪽으로 나란히 배열된 22개의 팔각형 기둥, 기둥 사이에 있는 소성당도 구분되지 않고 전체 공간을 둘러싸고 있다.

다소 썰렁하다는 느낌이 들다가도 걸음을 옮기는 순간 분위기가 확 밝아진다. 아까 선 자리에서만 양쪽 측랑의 창들이

> **의전사제가 뭐죠?**
>
>
>
> 베네딕도회 수도자는 베네딕도 성인이 정한 규칙에 따라 수도원에서 공동으로 기도하고 노동하며 수도 생활을 해.
> 그런데 중세 초부터 수도자가 아니지만, 세속에서 공동생활하는 사제들이 있었는데, 이들을 의전사제라고 해.
> 아우구스티노 성인이 정한 규칙에 따라 사는 의전사제들을 아우구스티노회 회원 또는 수도의전사제라고 부르지. 가대석에서 공동으로 기도했기에 가대사제라고도 불러.

빛의 공간 프라우엔키르헤 16세기에는 이보다 화려했으나 초기 모습에 가깝게 네오고딕 양식으로 복원했다.

프라우엔키르헤 주 제대

보이지 않을 뿐이었다. 둥근 천장과 기둥이 스테인드글라스로 들어온 색색의 빛을 받아 마치 천상의 별과 수정처럼 밝고 경쾌하게 빛난다. 천장은 별 모양의 궁륭형 아치로 단아하게 디자인되어 있다. 다이아몬드 패턴의 녹청색, 적색 돌바닥이 주는 안정감이랄까, 외관이 주는 웅장함과 달리 중압감이 느껴지지 않아 여느 화려한 대성당에서 느끼기 힘든 경험을 선사해 준다.

해가 진 저녁 시간이라도 괜찮다. 성당의 은은한 조명이 따사롭게 미사를 참례하러 온 방문객을 안아 주는데, 낮과는 또 다른 분위기를 자아낸다. 성당의 전례는 빛과 조명으로 완성된다는 어느 신부님의 말씀이 새삼 다가온다.

잠시 앉아 있노라면 먼 여행으로 들떴던 마음도 자연스레 가라앉는다. "수고하고 짐을 진 여러분은 모두 내게로 오시

프라우엔키르헤의 옛 벤노아치 19세기 초까지 성당 내부는 화려한 바로크 양식의 모습이었다. 제대 앞에는 스투코로 장식된 아치 형태의 개선문이 있었고, 천장은 천상의 별처럼 장식되어 있었다. 주교좌성당이 되면서 지금의 네오고딕 양식으로 전면적으로 변신했다.

오. 그러면 내가 여러분을 쉬게 하겠습니다"(마태 11,28)라는 말씀처럼 일상을 떠나 이국의 성당에 앉아 있는 지금, 하느님께서 언제 어디서나 우리와 동행하신다는 것을 새삼 깨닫는다.

이 공간에서 대략 2만 명이 미사를 참례할 수 있다고 한다. 기존 성당을 중축하던 15세기 뮌헨의 인구가 약 1만 3천 명이었으니, 시민 전체가 다 들어갈 수 있는 대성당을 매우 짧은 시기에 건축한 셈이다. 높이 100미터가 넘는 이 거대한 성당을 유례없이 단기간에 완공할 수 있었던 건 당시 흔하던 석조가 아닌 벽돌로 지었기 때문이다.

성당 밖을 나와서 다시 프라우엔키르헤를 바라보자. 크고 긴 창에도 불구하고 단순한 벽돌 기념비처럼 보이지만, 외벽을 자세히 뜯어보면 최대한 미학적으로 정육면체에 가깝게 돌을 연마하여 보석처럼 비치도록 만들어 쌓아 올렸다. 대칭적이고 균일한 비율로 벽돌을 반복해 차곡차곡 쌓아 올리면서 어떤 생각을 했을까? 알프스 이북에 천상 예루살렘의 성전을 짓는다는 마음으로 성모님의 전구를 바라며 기도하는 공간을 만들려고 혼신의 힘을 다 쏟았던 그 장인들의 결실이 지금의 뮌헨 주교좌성당이다.

현지인들의 시내 맛집

슈나이더 브로이하우스 Schneider Bräuhaus
📍 Tal 7, 80331 M.
마리엔플라츠에서 이자르토어 쪽으로 도보 1~2분. 바이스비어 맛집!

안덱서 암 돔 Andechser am Dom
📍 Frauenplatz 7, 80333 M.
프라우엔키르헤 옆.
안덱스 수도원 맥주!

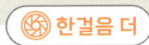

뮌헨의 경쟁자이자 동반자
프라이징

프라이징은 뮌헨과 마찬가지로 이자르강에 자리한 여느 작은 마을이었지만, 프라이징의 초대 주교인 성 코르비니아노가 프라이징 야산에 베네딕도회 수도원과 학교를 세운다. 739년 교구가 설정되면서 뮌헨보다 한발 앞서 도시로 발전한다. 기도와 노동을 모토로 한 베네딕도회 수도원은 중세 문화의 산실이었고, 프라이징 남단에 이자르강을 건너는 유일한 다리가 있었기에 프라이징은 곧 바이에른의 정치, 경제, 문화의 중심지로 부상했다.

후발 주자 뮌헨이 새로운 지역 중심지로 발전하면서 프라이징 주교와 바이에른의 공작 사이에 보이지 않는 세력 다툼이 있었다. 하지만 19세기 초까지 프라이징 주교는 여전히 바이에른을 실질적으로 통치하는 등 강력한 권한을 행사했다. 1803년 독일의 세속화 조치로 잠시 교구가 폐지되었다가, 1818년 뮌헨과 함께 공동 대교구로 승격, 현재 뮌헨–프라이징 대교구로 이어지고 있다.

1 프라이징 장크트 마리아·장크트 코르비니안 대성당 교구에서 가장 오래된 성당으로 715년 무렵 성모님께 봉헌되었다. 세 번의 증개축을 거쳐 화려한 바로크 양식의 대성당 모습을 띠게 됐다. 현재 뮌헨–프라이징 공동 주교좌성당으로서 뮌헨–프라이징 대교구의 사제 서품식이 이곳에서 열린다.

2 뮌헨 공항에서 바라본 프라이징 대성당 프라이징 대성당에서 뮌헨 공항까지 대중교통으로 30분(S1, Bus 635), 택시로 10분 정도 거리.

3 성 코르비니아노 동상과 성해함 대성당 지하 제실에 프라이징의 초대 주교인 성 코르비니아노의 석관과 성해함이 있다.

뮌헨 대성당 프라우엔키르헤 탐방

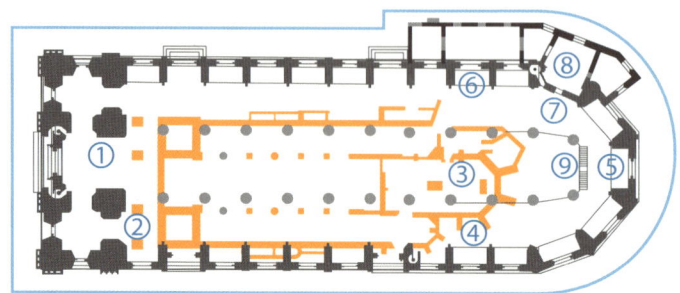

① 악마의 발자국
창문이 없는 성당을 만들도록 건축 감독을 꼬드긴 악마가 남긴 발자국. 악마가 성당 봉헌 전에 들어가서 보니 창문이 보이지 않았다. 이런 성당은 신자들에게 버림받을 거라며 큰 소리로 비웃고는 의기양양하게 발자국을 남겼다고 한다. 당시에는 주제대화 때문에 중앙 창도 보이지 않았다. 나중에 속았다는 것을 알고 폭풍을 일으켜 성당을 무너뜨리려 했지만 소용없었다.

② 루트비히 황제 기념비(1622)
오늘날 뮌헨의 초석을 닦은 루트비히 황제(1347 사망)의 위엄을 드러내고, 비텔스바흐 가문의 업적을 기리기 위해 만들었다. 칼을 든 인물은 가톨릭 개혁 운동에 앞장선 알브레히트 5세.

③ 주 제대
최근 개축을 하면서 제2차 바티칸공의회 정신에 따라 제대, 강론대, 주교좌를 고딕 공간 안에서 상징적으로 통합해 제단을 구현했다.

④ 에라스무스 그라서의 가대석 (1495~1502)
대성당 의전사제단이 매일 공동 기도를 하던 자리다. 작은 부조상들은 성 코르비니아노, 성 루시아, 성 오틸리아 등 이 성당에 모신 성유물의 성인들이다.

⑥ 주 제대화
바이에른 궁정화가 페터 칸디드가 그린 초기 바로크 양식의 성모승천화. 그림 속의 책은 그리스도를 따르는 데 있어서 성모님이 제자들의 스승임을 드러낸다. 주 제대에 있었으나, 주 제대 개축으로 1860년에 북벽 제의실 문으로 옮겼다.

⑤ 소성당의 스테인드글라스
15세기 페터 헴멜 폰 안들라우(1420~1506)의 걸작으로 성모님 생애의 결정적인 세 장면인 주님 탄생 예고, 주님 공현, 주님 봉헌을 담고 있다. 성탄 기념우표도 제작됐다.

⑧ 성체성사 소성당
옛 제의실로 도심의 섬처럼 관광객으로 붐비는 대성당 안에서 스테인드글라스 빛 속에서 조용히 성체조배를 할 수 있는 곳.

⑨ 지하 성당과 삼단 제단화
제단 뒤에 바이에른 통치자와 성직자들이 영원한 안식을 누리고 있는 곳. 주님 수난을 주제로 한 카를 카스파르의 삼단 제단화를 볼 수 있다.

⑦ 1568년부터 사용한 자동 시계
수도자들처럼 규칙에 따라 기도하고 공동생활하는 뮌헨 대성당의 의전사제단에게 필수품. 시계의 인형극은 시간에서 이뤄지는 하느님의 구원 사업과 성모님의 전구를, 시계를 지탱하는 두 사자는 구원 사업에서 도구로 쓰이는 바이에른 왕가를 나타낸다.

성모님께 봉헌된 대성당 정문
고통의 예수 그리스도상과 성모상 장식은 옛날 성당에서 가져와서 사용했다.

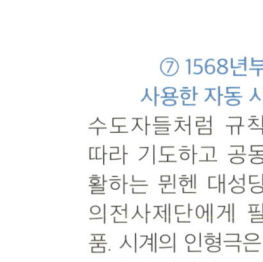

다하우 강제수용소 안
주님의 집

다하우의 「죽음의 행진」 조각상

◆ 뮌헨 마리엔플라츠 → 다하우(S2) → KZ Gendenkstätte(726번 버스)
추모 기념관을 통하지 않고 수녀원 성당으로 바로 갈 수 있다.
◆ Karmel Heilige Blut, Alte Römerstr. 91, D-85221 Dachau
◆ karmel-dachau.de

평화를 위해 기도하는 장소

다하우 강제수용소 기념관은 1965년 5월 5일 옛 다하우 강제수용소의 부지에 추모 기념관으로 건립됐다.

다하우 강제수용소는 아돌프 히틀러가 집권 직후인 1933년 3월 22일 뮌헨 북서쪽에 있는 다하우 마을 외곽에 세운 최초의 강제수용소다. 초기에는 나치에 반대하는 반체제 인사를 가두고 협박하는 장소로 출발했지만, 1938년 이후 유대인을 비롯한 사회적 소수자뿐 아니라 가톨릭 성직자들도 이곳에 갇혀 강제 노동을 했다. 강제수용소 경비대와 나치 친위대 간부들을 위한 교육 장소로도 활용됐다. 독일 동부 지역의 다른 학살 수용소처럼 조직적으로 대량 인종 청소가 자행된 곳은 아니지만, 20여만 명에 이르는 사람이 이곳에 수용되었고 1945년 4월 29일, 미군의 진주로 해방될 때까지 4만 명 이상이

목숨을 잃었다.

매년 전 세계에서 약 100만 명이 다하우 강제수용소 기념관을 방문하며, 독일 학생들의 현장 교육 장소로도 사용된다. 독일 사관 후보생들은 잘못된 과거의 전철을 다시 밟지 않도록 임관 전 반드시 이곳을 다녀간다. 한국 사람들도 시티투어나 패키지여행 프로그램으로 많이 들르는 곳이지만, 이곳에 과거의 희생자들과 현재의 평화를 위해 끊임없이 기도하는 관상수도회인 맨발의 가르멜회 수녀원 등 추모 종교 시설이 있다는 사실을 모르고 지나치곤 한다.

역사의 어두운 그늘 속의 다하우 성혈 수녀원

다하우 성혈 수녀원은 옛 참혹한 공포의 장소를 희생과 기도의 장소로 바꾸고, 살아 있는 희망의 표징이 되고자 1964년에 가르멜회 수녀원의 마리아 테레지아 수녀가 설립했다. 이곳의 수녀들은 인류가 과거와 현재의 고통을 함께 나누며, 그리스도 안에서 화해를 이루도록 기도하고 있다.

옛 강제수용소 망루 추모 기념관에서 수녀원 정원으로 들어가는 문.

수녀원 성당 성당 안의 마리아상은 사제들이 갇혀 있던 구역에서 가져온 것이다.

수녀원 마당 전시관 강제수용소에서 희생된 성직자들의 유물

수녀원은 성당 제대를 중심으로 십자가 모양을 하고 있다. 7시 아침 미사와 6시경, 9시경, 저녁기도 시간 전례를 수녀님들과 함께할 수 있다. 시간 전례 앞뒤로 성물방을 연다.

죽음의 공포를 느끼신 그리스도 소성당

1941년부터 1945년까지 다하우 강제수용소에 수용됐던 뮌헨의 요하네스 노이하우슬러 보좌주교의 주도로 1960년에 속죄와 추모를 위한 소성당이 건립되어, 제37차 세계 성체대회 때 신자 5만 명과 함께 소성당을 봉헌했다. 매일 2시 50분 희생자들을 위해 기도한다.

죽음의 공포를 느끼신 그리스도 소성당 높이 13.6m, 지름 14.2m의 성당으로 수용소에서 수만 명의 수감자들이 밤낮으로 겪은 죽음에 대한 공포를 기리기 위해 세웠다.

근심에 찬 그리스도 청동 부조 당시 수감된 폴란드인 4만 명의 고통을 상징한다. 생존한 폴란드 성직자들이 기증했다.

REAL MISSION

뮌헨 대중교통 이용하기

뮌헨과 뮌헨 광역권에는 지하철U-Bahn, 전철 S-Bahn, 버스, 트램 등 대중교통망이 잘 정비되어 있다. 구도심의 마리엔플라츠를 중심으로 지하철, 전철 세 정거장 이내는 도보로 움직일 만한 거리이다. 평일 지하철, 버스, 트램은 5~15분, 전철은 20분 간격으로 운행한다.

티켓은 정류장 등의 자동 발매기에 종이 티켓을 발권하거나, 스마트폰 MVGO 앱에서 핸디 티켓을 구매하면 된다(영어 메뉴 있음). 종이 티켓의 경우, 사용일과 시간이 지정되거나 인쇄되지 않은 티켓은 탑승 전에 반드시 펀칭기에 개시해야 한다. 검표 때 개시 시간이 찍혀 있지 않으면 무임승차이니 주의. 이동 구간에 따라 권역 가격이 다르니 발권할 때 확인할 것. 뮌헨 시내는 M구역, 뮌헨 외곽은 1~11구역까지 구분되어 있다(예: 헤어싱은 3구역, 투칭은 4구역, 뮌헨 공항은 5구역).

그룹 티켓 1일권 M구역 시내 구간에서 2~5명이 하루 종일 대중교통을 이용할 수 있다. 티켓 맨 상단 빈 부분을 펀칭기에 넣으면 개시 시간이 찍힌다.

독일철도(DB) 자판기(좌), 뮌헨교통공사(MVG) 자판기(우)

MVGO 앱을 이용하자.
다양한 교통수단을 한곳에서 검색하고 이용할 수 있도록 도와주는 스마트 교통 플랫폼. 뮌헨 교통 공사에서 개발 및 운영하고 있다. www.mvg.de

순례는 방향을 가지고
목표를 향해 나아가는 것을 뜻합니다.
순례는 그 길에서 겪는 고난에
아름다움을 부여합니다.

베네딕도 16세 교황(1927~2022)

거룩한 산으로 가는 하이킹 순례

#장크트마르틴성당 #안덱스수도원 #성유물 #세성체 #성인공경 #대사
#안덱스맥주 #헤어싱 #암머호 #디센 #마리엔뮌스터수도원 #암머호_유람선
#테게른호 #테게른제수도원 #발베르크

천국으로 가는 순례길

별다른 준비 없이 독일에 와서 하이킹을 할 수 있을까? 서울에 관광하러 온 외국인들도 서울 도성길이나 북한산 둘레길을 걷는다. 뮌헨 외곽의 순례 하이킹도 그 정도 난이도로 어렵지 않다.

오늘 순례지는 암머제Ammersee, 그러니까 암머호湖 동쪽 기슭 해발 700미터에 있는 바이에른의 '거룩한 산'이라 부르는 안덱스Andechs 베네딕도회 수도원이다. 천 년 가까이 사람들이 꾸준히 찾는, 바이에른에서 가장 오래된 순례지이자 성모 성지 알퇴팅에 이어 두 번째로 큰 순례 성지다.

요즘은 전 세계에서 뮌헨을 찾아온 관광객들에게 가장 사랑받는 나들이 장소가 되어 성수기에는 관광버스 수십 대가 찾아온다. 말하자면 신앙, 문화, 맛집 탐방이 한데 어우러진 관광 명소가 오늘의 목적지로, 신자가 아닌 사람들도 관광 삼아 부담 없이 따라나설 수 있는 곳이다.

안덱스 수도원으로 가는 길은 10킬로미터 정도의 완만한 코스이니 준비물은 편한 신발, 물병 하나면 충분하다. 반나절 정도 시간 여유가 있다면 일행도 데리고 갈 권한다. 렌터카를 이용하면 편하겠지만, 대중교통으로 가야 다양한 경험을 할 수 있다. 뮌헨 중앙역이나 마리엔플라츠에서 전철 S8을 타고 뮌헨 서쪽으로 50분 정도 가면 종

암머호 정기 유람선 저 뒤로 안덱스 수도원이 보인다.

암머호 바이에른 알프스에서 세 번째로 큰 호수다. 동안에 있는 헤어싱은 휴양도시로도 유명하다. 노을이 드리우는 저녁 무렵 헤어싱에서 바라보는 호숫가 풍광이 아름답다.

점인 호반 도시, 헤어싱Herrsching에 도착한다.

전철에서 내려 안덱스 수도원까지 가는 가장 빠른 하이킹 길은 시내를 가로질러 장크트 마르틴 성당에서 키엔탈 골짜기로 접어들어 쭉 올라가는 길이다. 장크트 마르틴 성당 언덕 아래의 성모상이 순례의 출발 장소이자 종착지다. 표지판을 따라 오른쪽 주택가로 접어들면, 얼마 뒤 본격적인 숲길이 시작된다. 이따금 오른편으로 암머호가 반갑게 얼굴을 내밀고, 숲이 뿜어내는 피톤치드 향에 발걸음도 가볍다. 그러기를 30분, 숲이 끝나면서 갑자기 넓은 초지가 펼쳐진다. 하늘, 길, 순례자만 있는 광활한 메세타 평원의 느낌이 이런 것일까. 저 너머로 목적지인 안덱스 수도원 성당 종탑이 보인다.

다시 주택가를 잠시 통과해 숲으로 들어가면 처음이자 마지막 고비인 '천국의 계단'이 기다리고 있다. 우리 삶이 길고 고달프지

장크트 마르틴 성당과 성모 동상 1065년 이전부터 있던 마을 본당으로 헤어싱의 상징이다. 성모상 앞에서 하이킹 코스가 갈라진다.

암머호 서안에서 바라본 안덱스 수도원 맑은 날씨에 수도원 너머로 멀리 알프스산맥이 보인다.

만, 주님께 갈 시간이 다 되어 돌이켜보면 한순간 아니던가. 힘듦은 잠시, 이내 거룩한 산의 정상에 다다른다.

천년 신앙의 증거 '성유물'

흰 외벽에 푸른 빛이 도는 구리로 씌운 양파형 종탑과 붉은색 지붕. 기본적으로 고딕 양식 틀에 바로크·로코코 양식이 가미되었을 뿐 수도원 성당의 외관은 바이에른의 여느 성당처럼 단

거룩한 산에 다다르는 마지막 계단

안덱스 수도원으로 가는 대중교통
- 뮌헨 중앙역/마리엔플라츠 → 헤어싱(전철 S8 50분) → 안덱스 수도원(도보 50분).
- 헤어싱 역(S8)·슈타른베르크 노르트 역(S6) ↔ 안덱스 수도원(지역 버스 951번, 928번). 단, 버스는 운행이 뜸하고 성수기와 비수기, 요일에 따라 운행하지 않을 때도 있으니 반드시 시간 확인할 것.
- www.mvv-muenchen.de

아하다. 성당 저 아래로 사람들의 웅성거리는 소리가 간간이 바람에 실려 오지만, 성당 앞은 인기 관광지라기엔 조용하다. 하지만 성당 문을 열고 들어서는 순간 그 화려함에 눈이 부시다. 대체 누가 또 이곳이 어떤 곳이기에 이렇게 공을 들였을까 의아할 정도다.

안덱스 수도원 성당은 바이에른의 에른스트 공작이 1423년부터 1427년까지 순례자들을 위해 지은 후기 고딕 양식의 순례 성당이다. 이 성당에서 모신 성유물을 관리하고 순례자를 사목하기 위해 1438년에 공작은 암머호 서안의 디센 의전사제단과 별도로 안덱스 의전사제단까지 설립한다. 당시 교황청은 1450년 희년을 앞두고 로마뿐 아니라 유럽 각 지역에서 순례를 적극적으로 권장했다. '거룩한 산'이란 명칭도 이때 생겼고, 밀려드는 순례자를 위한 여관과 선술집도 들어섰다. 지금 관광객의 핫플레이스가 된 안덱스 수도원 맥줏집과 비어가르텐은 당시 순례자들 때문에 처음 생겼다.

그런데 대체 어떤 연유로 거룩한 산이라고 부르게 됐을까? 유럽에는 그런 이름의 순례지가 여러 곳 있지만 이곳은 아마도 예수님과 관련된 성유물을 모신 순례지여서 붙은 이름일 것이다.

안덱스 장크트 니콜라우스·장크트 엘리자베트 순례 성당, 주 제대와 네 개의 보조 제대 바이에른 에른스트 공작이 1420년대에 순례자들을 위해 지은 성당이다. 이후 베네딕도회가 맡아 관리했다. 1751~1755년 수도원 설립 300주년을 기념해 베른하르트 쉬츠 아빠스가 로코코 양식으로 재단장했다.

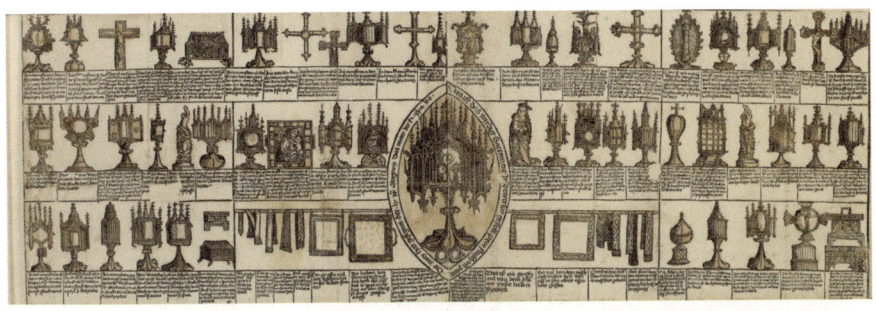

안덱스 수도원의 성유물 목록(1496) 1715년 당시 예수 그리스도의 「세 성체」(가운데), 「가시관 가시」, 성 요한 복음사가의 「스톨라」 등 보물 277점이 있었다. 1803년의 교회 재산 국유화로 수도원이 폐쇄되며 성유물과 성유물을 보관하던 장식은 대부분 도난당했으나, 세 성체를 비롯한 성유물 40점은 감히 손대지 못했다고 한다. 일부는 현재 뮌헨 왕궁 보석 박물관에 전시되어 있다.

안덱스라는 명칭은 1080년에 처음 기록에 나타나는데, 디센의 베르톨트 2세 백작이 이곳에 처음 성을 짓고 새로운 가문의 터전으로 삼았다. 백작의 증손녀인 슐레지엔의 성 헤드비지스도 바로 이곳에서 태어났다. 전승에 따르면 백작의 선조가 10세기 무렵에 예루살렘을 순례하면서 예수님과 성인들의 성유물을 구해 고향으로 가져왔다고 한다. 이때 가져온 성유물이 예수님이 쓴 가시관의 가시와 못 박힌 십자가 파편인데, 1128년에 백작은 이 성유물을 안덱스성 소성당으로 옮기고, 매년 의무적으로 경배하도록 했다.

안덱스 성유물 중 가장 중요한 것은 거룩한 「세 성체」다. 두 성체는 6세기 대 그레고리오 교황의 미사 때 축성된 성체로서 성변화^{聖變化} 후 핏빛의 십자가가 새겨졌다고 한다. 다른 성체는 피로 물든 예수님을 뜻하는 모노그램인 'IHS'가 보이

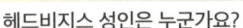

헤드비지스 성인은 누군가요?

안덱스성에서 태어나서 삼촌인 밤베르크 주교의 키칭겐 베네딕도회 수도원에서 자랐어. 남편인 슐레지엔의 하인리히 1세 공작과 함께 트레브니츠 시토회 수도원을 세웠어.
높은 신분에도 평소에 맨발로 지내고 가난한 이들에게 자선을 베풀며 죄인들을 보살폈고, 남편이 죽은 뒤에는 트레브니츠 수도원에서 일생을 마쳤지. 조카인 튀링겐의 성 엘리사벳과 함께 독일, 폴란드, 헝가리에서 공경받는 성인이야.

세 성체를 모신 거룩한 소성당과 세 성체를 모신 성광 매년 순례 성당 봉헌일인 9월 마지막 주 주일미사 후 성체 거동 행렬 때 신자들에게 모습을 드러낸다. 소성당은 사전에 허가를 받아야 들어갈 수 있다.

는 성체인데, 11세기 레오 9세 교황의 미사 때 성변화를 한 것으로 알려져 있다. 세 성체는 베르톨트 2세 백작의 아들인 밤베르크 주교 오토 2세가 로마에서 가져와 안덱스성에 모셨다고 한다.

세월이 흐르면서 안덱스성의 주인과 소장한 성유물의 수도 변했다. 안덱스 백작 가문이 프랑스 필리프 왕의 살해 사건에 연루되면서 가문이 몰락하고 1246년에는 안덱스성과 부속 소성당이 파괴됐다. 그 후 150년 가까이 성유물의 행방이 묘연했다. 하지만 사람들은 이 거룩한 산을 계속 순례했고, 1274년에 눈먼 여인이 이곳에서 시력을 되찾았다는 소문이 퍼지면서 순례자가 더욱 늘어났다. 1278년, 루트비히 2세 공작이 순례자들을 위해 소성당을 증축했다.

1388년 5월 26일 소성당에서 미사를 봉헌하고 있을 때 쥐 한 마리가 제단 아래서 튀어나왔다. 뭔가 물고 있었는데, 사라진 성유물에 대한 설명이 적힌 양피지 조각이었다. 난리통에 사라졌다고 여겼던 「세 성체」와 카롤루스 대제의 「승리 십자가」, 그리스도의 「가시관 가지」가 들어 있는 상자가 제대 아래 묻혀 있다고 추측할 수 있었다. 비텔스바흐 가문은 발견된 성유물을 뮌헨으로 옮겨와 성당을 돌면서 현시했다. 이를 계기로 안덱스의 성유물이 널리 알려졌고, 1392년 독일 땅에 처음 내린 로마의 대희년 대사大赦를 기념하여 약 6만 명의

안덱스 순례자들과 순례자들이 지고 와서 봉헌한 십자가

순례객이 이 성유물을 공경하기 위해 안덱스를 찾았다고 한다. 본격적으로 순례자들이 안덱스로 몰려오게 됐다.

"무엇이 보입니까?"(마르 8,23)

신교와 가톨릭의 종교전쟁이자 근대의 세계 전쟁이었던 '30년전쟁'(1618~1648)은 독일을 참혹한 전장으로 만들었다. 그 시대의 사람들은 주변 성지를 찾아 특히 성모님의 보호와 도움을 간구하며 가혹한 시간을 버텨 냈다. 이 어려운 시기를 이겨 낸 그들의 신심은 교회 건축의 전성기를 낳았다. 질과 양 모든 면에서 이탈리아에 버금가는 성당들이 바이에른에 지어졌고, 낡은 성당들은 개축되어 재탄생했다.

바로크 양식의 성당은 그 시대 사람들에게 정신적으로 큰 위안이 됐다. 눈부시게 화려하고 웅장한 모습을 보며 천국의 광경을 미리 맛볼 수 있었고, 성유물과 성상들로 성인과 교감하며, 천장 프레스

> **대사大赦가 뭔가요?**
>
> 라틴어로 '인둘겐시아' Indulgentia로 '관대한 용서'라는 뜻이야. 고해성사를 통해 하느님께 죄는 용서받지만, 그 죄에 따른 벌은 여전히 남아 있는데, 이 남은 벌을 면제해 주는 것을 말해. 현실 법에서 사면의 기원이지. 종교개혁의 빌미가 된 면죄부란 표현은 대사에 대한 증명서를 잘못 이해한 것이야. 면벌부가 옳은 의미.

코화에 그려진 주님의 기적을 되새기고, 최후의 심판 때 천국이 열리는 모습을 미리 볼 수 있었기 때문이다. 이처럼 바로크 양식의 성당은 과거를 기억하고 미래를 체험하는 멀티미디어 공간이었다.

안덱스 수도원 성당 주 제대 상부 주 제대는 성모님의 무염시태와 세 성체, 하부 주 제대는 "태양을 입고 발밑에 달을 두고 머리에 열두 개 별로 된 관을 쓴"(묵시 12,1) 천상의 모후를 보여 준다.

순례자들은 안덱스 수도원 성당에서 무엇을 보았을까? 세로 30미터에 폭 15미터, 크지도 작지도 않은 밝은 공간에 2층으로 된 제대가 인상적이다. 바로크·로코코 양식의 성당 내부 장식의 장인이자 화가인 요한 밥티스트 치머만(1680~1758)은 기존 수도원 성당을 증개축할 때, 부족한 공간을 위는 수도자, 아래는 순례자를 위한 공간으로 나누고 옛 제대를 상부, 새 제대를 하부에 배치하는 방식으로 구조와 장식의 일체를 추구했다.

수도원 성당의 천장 프레스코화는 총 26점으로 안덱스 성유물의 기원부터 1669년 수도원과 수도원 성당 화재까지의 사건을 담았다. 다행히도 성유물은 무사했지만, 성당 북쪽과 동쪽 시설들이

안덱스 수도원 성당 천장 프레스코화 좌측부터 「안덱스의 거룩한 하늘」, 「그리스도의 승천」, 「벳자타 연못의 치유」, 「천사들의 천상 음악회」를 그렸다.

다 불탔다. 피뢰침이 발명되기 전 높은 종탑이 있던 수도원이나 대성당 화재의 주된 원인은 벼락이었다. 수도원은 5년에 걸쳐 복구됐고, 18세기 중반 로코코 양식이 더해져 지금 모습을 띠게 되었다. 중앙에 서서 시선을 제대에서부터 파이프오르간 위로 천천히 옮겨 보자. 「세 성체」와 이곳에 모셔진 성인들과 성유물 그리고 치머만의 역작인 「안덱스의 거룩한 하늘」을 볼 수 있다. 이어서 예수 그리스도의 승천, 벳자타 연못에서 예수님이 중풍에 걸린 환자를 치유하시는 장면, 천사들이 노래하는 천상의 음악회를 표현한 프레스코화가 보인다.

성모 신심이 드러난 천장 프레스코화 외에도 새로 단장된 제대를 보면 안덱스도 30년전쟁을 겪으면서 성모 순례지로 거듭났음이 드러난다. 상부 제대의 「세 성체」에 무염시태의 성모가 더해졌으며, 하부 순례 제대에서는 천상의 모후가 포도알을 들고 있는 아기 예수님을 안고 순례자를 맞이한다.

안덱스 피에타 '고통의 성모님'

포도는 압착기에서 으깨져 포도주가 되듯 그리스도의 피, 수난을 상징하는 동시에, 포도 순처럼 틔우는 '친절'이자 그분의 풍성한 은총을 상징하기도 한다.

이미 16세기부터 성당 뒤편 '고통의 성모님' 소성당에 모셔진 성모상을 찾아 순례의 발길이 이어지고 있었다. 순례자들은 제대 앞에서 성모님의 전구를 통해 세상의 십자가에 짓눌려 쓰러지지 않고 살아갈 힘을 주십사 기도했으며, 주님께 온전히 자신을 내맡겼을 것이다. 그런 후 다들 저마다 지고 온 십자가를 이곳에 내려놓고 홀가분하게 집으로 돌아가던 그들의 모습을 상상해 본다.

세계인의 휴양처가 된 안덱스 수도원

뮌헨뿐 아니라 전 세계에서 사람들이 안덱스 수도원을 찾는 이유는 이곳이 전통 깊은 가톨릭 순례지인 것도 있지만, 안덱스 수도원에서 만든 다양한 생맥주 때문이기도 하다. 안덱스 수도원 양조장은 독일 수도원 양조장 중 유일하게 1년 내내 높은 알코올 도수의 '복비어'Bockbier를 만들고 독일 전역으로 판매하며, 연간 생산량이 10만 헥토리터에 달한다. 거룩한 산에서, 그것도 수도원이 술집을 운영한다는 사실이 세속적으로 비칠지도 모르겠다. 하지만 안덱스 수도원의 존재 이유도, 수도원 맥주와 비어가르텐이 탄생하게 된 것도 사실 순례 때문이었다.

1458년, 안덱스 수도원은 베네딕도회 수도원으로 재탄생하게 된다. 1455년 3월 17일, 교황의 칙령에 따라 알브레히트 3세(1401~1460) 공작과 주변 의전사제단 원장들과 베네딕도회 아빠스들이 한자리에 모여 안덱스

안덱스 수도원 입구 만여 대 차량이 주차할 수 있는 넓은 주차장에서 올라가면, 맥줏집, 성물방, 수도원 정문, 성당까지 건물이 연결되어 있다.

안덱스 수도원 맥줏집Bräustüberl의 비어가르텐과 '슈바이네학세' 평일 11:00~20:00, 토·일 10:00~20:00 운영하며, 음식과 주류는 직접 주문하고 받아 와야 한다.

성유물을 기존 의전사제단 대신 베네딕도회가 맡아서 관리하기로 했다. 이런 변화는 당시 교황 특사였던 니콜라우스 쿠사누스가 독일, 오스트리아, 네덜란드 교회와 수도원을 세속 권력의 영향에서 벗어나는 방향으로 개혁하려 했던 흐름과도 무관하지 않다.

당장 문제는 수도자의 생계였다. 베네딕도회는 '기도하고 일하라'라는 가르침에 따라 전통적으로 자급자족하며 독립적으로 생활해 왔다. 하지만 기존의 안덱스 수도원은 영주의 후원으로 살던 곳이어서 주변 환경이 당장 자급자족하기에 여의찮았다. 게다가 안덱스 수도원은 주변의 다른 큰 베네딕도회 수도원에 소속된 분원이 아니라 아빠스가 있는 독자적인 자치수도원으로 출발했기에 경제적으로 지원해 줄 본원도 없었다. 그래서 '신앙심이 깊은 사람'이라고 불리던 알브레히트 3세는 재정이 빈약한 베네딕도회 수도원이 자립할 수 있도록 순례자들을 위해 식당을 열어 맥주를 판매하고 유통할 권리를 넘겨줬다. 덕분에 베네딕도회 수도자들은 맥주를 양조할 수 있었고, 순례자들이 묵을 여관을 운영하며 순례자들에게 맥주를 팔아 수도원 살림에 보탰다.

1803년, 독일 정부의 교회 재산 국유화로 인해 안덱스 수도원도 여느 독일 수도원처럼 폐쇄되었고, 수도자들은 뿔뿔이 흩어졌다. 수도원 성당은 바이에른 국가 소유가 되었다. 성유물 중 일부가 뮌헨 왕궁 박물관 보석실에 있게 된 것도 그 때문이다. 1850년, 오늘날의 뮌헨 모습을 만든 루트비히 1세가 안덱스

뮌헨 장크트 보니파츠 베네딕도회 수도원과 수도원 정문 앞 노숙자상 현재 수도자 13명이 공동체 생활을 하면서, 뮌헨 본당 사목과 안덱스 수도원 사업의 소임을 맡고 있다. 현재 안덱스 수도원에서 운영하는 양조장, 식당, 성물방 사업 등에서 나는 수입은 노숙자를 위한 사회사업의 경제적 밑천이 되고 있다.

수도원을 인수하여 자신이 설립한 뮌헨의 장크트 보니파츠 베네딕도회 수도원에 기증했고, 그 후로 안덱스 수도원은 뮌헨 장크트 보니파츠 베네딕도회 수도원의 예속 수도원으로 이곳에서 순례자와 관광객들을 맞이하고 있다. 600여 년 전 베네딕도회가 안덱스 순례 성지를 맡도록 한 사도좌의 결정 덕분에 이제 세계인이 찾는 관광지가 된 것인데, 역사 속의 작은 신비란 이런 게 아닐까.

안덱스 순례 성당 미사
주일과 대축일 9:30, 11:00, 18:00
평일 18:00(수), 11:00(토)

안덱스 수도원 맥주
재료, 발효 방식에 따라 여러 종류가 있지만 보통 '슈페치알 헬레스'를 마신다.
흑맥주는 '둔클레스'라고 한다. 복Bock이라고 이름이 붙은 맥주는 도수가 8도 안팎으로 알코올 함량이 높다. 사이다를 섞어 도수를 낮춘 '라들러', 무알코올 맥주인 '알코올프라이'도 종류대로 있다.

성유물을 성당에 모시는 까닭은?

도미틸라 카타콤바의 성 네레오와 아킬레오 성당 369년 무렵에 지어진 로마에서 가장 오래된 카타콤바 성당 중 하나. 지하 순교자 무덤 위로 제대를 세우고 지표면에 지붕을 씌워 만들었다. 9세기에 지상으로 크게 증축했다.

사리(舍利) 문화가 있는 우리지만 유럽의 성유물 문화가 약간 낯설고 당혹스럽기도 하다. 현대인의 시각에는 화려한 보석함에 모셔진 성인의 유물, 유골이 그저 옛날 사람들의 무지로 비치기 쉽다. 하지만 성유물로 대변되는 성인 공경은 그리스도교 신앙의 오랜 뿌리이자 교회의 전통이다.

특별한 중재자 '순교자'

1~2세기 로마제국에게 박해받던 초대교회는 유다교의 회당 같은 공동 기도의 장소가 없었다. 기껏 매주 누구 집에 몰래 모여 성찬례를 거행하고 음식을 나눌 수 있을 뿐이었다. 가장 오래된 교회로 꼽히는 시리아의 '두라 에우로포스' 가정교회도 그런 모임에서 시작됐을 것이다. 이 시절 개인 집이 아닌 외부에서 하느님과의 결속을 느낄 수 있었던 곳이 바로 '순교자의 무덤'이었다.

그리스어로 순교자는 '증인', '증거자'라는 뜻으로 피로써 그리스도교 신앙을 지킨 사람을 가리킨다. 그래서 초대교회 신자들은 순교자를 성인으로 여기고, 확고한 신앙을 본받으려 했다. 모두가 "그리스도의 몸이고 그분 지체"(1코린 12,27)이기에 순교자와 끈끈한 유대감을 느꼈고, '하느님의 빛나는 사람'인 성인을 자신과 하느님 사이를 이어 줄 특별한 중재자로 공경했다.

한편, 박해 시기엔 매장은 도시 성벽 밖 지하 공동묘지, 즉 카타콤바에서만 가능하다는 법이 있었다. 로마에는 장례를 치른 뒤 무덤에 찾아와 제사를 지내는 관습이 있었기에 신자들이 순교자의 무덤에 모여서 성찬례를 한들 의심을 사지 않았다. 또 인적도 드물었다.

볼프람-에셴바흐 성모 성당 제단화의 「14명의 구난 성인」(1510년경) 독일의 안셀름 그륀 신부는 14인의 성인을 '그리스도교 치유의 모델'로 정의하며, 하느님께서 이들을 치유해 주셨듯이 우리 상처도 치유해 주실 거라고 믿고 하느님을 의지하라고 권한다.

순교자 무덤 위에 세워진 교회

초대교회 신자들은 순교자의 유물과 유해에 특별한 힘이 있다고 믿었다. 바오로 사도의 유품으로 기적이 일어났다는 기록도 있다. 로마 이교도들은 유해를 불결하게 여겼기에, 이는 그리스도교만의 문화라고 할 수 있다.

「성 우르술라의 묘비명」(5~6세기경) 4세기 쾰른에서 순교한 성인의 묘비명. 쾰른 장크트 우르술라 성당 지하 묘지에 있다.

박해가 끝난 후 다마소 1세 교황(366~384 재위)은 순교자를 현양하기 위해 아피아 가도 주변에 있던 성 세바스티아노의 무덤을 포함해 그 일대의 카타콤바 통로와 입구들을 재정비하여 오늘날 지하 소성당처럼 순교자 무덤 앞에 제대와 회중석이 있는 카타콤바 성당을 세웠다. 로마의 성 베드로 대성당도 베드로 사도 무덤 위에 세워진 성당이다. 신앙의 자유를 얻은 뒤로 신자들은 신앙의 모범이 된 수도자, 성직자도 공경할 성인으로 모셨다.

신앙생활의 중심, 성인과 성유물 공경

8세기, 외세 침입이 잦아지고 법이 바뀌어 도시 안 매장이 가능해지자, 사람들은 성 밖의 성유물을 안전한 시내 성당으로 옮겨 오기 시작한다. 오늘날 유럽 성당에서 성인의 무덤이나 성유물을 볼 수 있는 것은 그 덕분이다.

중세 사람들에게 성유물은 성인과 지상 교회를 이어 주는 상징인 동시에 신앙생활의 중심이었다. 천사처럼 성인은 하느님 가까이 있다가 언제든 지상에 내려와 기적을 일으킬 수 있다고 그들은 생각했다. 그래서 사는 곳에 성유물을 모시려 했고, 이런 바람은 세속 영주나 교회의 이른바 성유물 수집으로 표출됐다. 평민들은 어려움이 닥칠 때마다 이런 성유물이 모셔진 수도원이나 대성당을 순례하며 하느님과 성모님께 의탁했다. 안덱스의 성유물도 그 시대의 신앙을 보여 주는 증거이자 우리 교회에 베푸신 하느님 은총의 가시적 표징이다.

암머호를 따라 한 바퀴

암머호는 바이에른의 삼 대 호수 중 하나로 47제곱킬로미터 넓이에 최대 수심 80미터의 산정 호수다. 알프스의 다른 호수들처럼 빙하기에 빙하가 녹으면서 생겼으며 주요 지류는 암머강이다. 람사르 협약에 의해 자연 습지로 지정되었다. 날씨가 좋은 주말에는 50킬로미터 떨어진 뮌헨과 아우크스부르크에서 사이클링, 하이킹, 요트, 서핑을 즐기기 위해 많은 사람이 모여든다.

호수 둘레길이 시작되는 헤어싱

헤어싱은 1903년 뮌헨, 아우크스부르크와 철도가 연결되면서 예술가들의 휴양지로 부상했다. 여기서 시작되는 호수 둘레길은 약 10킬로미터에 달해 독일에서 가장 긴 호수 산책로로 꼽힌다. 저녁놀이 드리울 때 풍경이 장관!

석양이 질 무렵 호숫가와 둘레길 휴양 공원 성 19세기 말 뮌헨에 살던 화가 L. 쇼이어만이 지은 작은 여름 별장. 낭만주의 느낌이 물씬 나는 이곳에서 결혼식, 콘서트, 전시회가 열린다.

아우구스티노회 수도원 도시 디센

암머호 남서안의 디센은 로마제국 때 이탈리아 북부와 아우크스부르크까지를 지나는 도로가 있던 교통 요충지였다. 중세 때 도시처럼 시장을 개설할 권리가 있던 특수 공동체였다.

8세기에 이미 수도원이 들어섰고, 12세기에 디센 백작이 마리엔뮌스터 아우구스티노회 수도원을 설립하고, 디센 주변의 모든 재산과 시장권, 어업권 등을 수도원에 기부했다. 원래 남성 수도원과 여성 수도원으로 같이 설립되었지만, 수녀원은 14세기에 사라졌다. 현재는 아우크스부르크 교구의 디센 본당이다. 헤어싱에서 출발하는 유람선을 이용하길 권한다.

옛 마리엔뮌스터 아우구스티노회 수도원

옛 수도원 성당 본랑

예술가의 동네 우팅

우팅은 오토 백성이 사는 마을이란 뜻. 옛 로마 가도인 '비아 레티카'가 지나던 마을이다. 유람선 외에도 메링과 바일하임 사이를 오가는 기차가 다닌다.

우팅의 야외 다이빙 점프대

암머호 주변을 다니는 지역 열차 RBB

1300여 년의 역사를 지닌 호수의 수도원
테게른제 수도원

바이에른에서 아늑함을 느낄 수 있는 호수 중 하나가 테게른호^{Tegernsee}이다. 청정무구한 하늘 아래 푸른빛을 반짝이는 호수, 그곳에는 바이에른에서 가장 오래된 옛 베네딕도회 수도원과 맥주 양조장, 또 수많은 하이킹 코스가 우리를 기다린다. 여름에는 유람선을 타고 로타흐-에게른으로 가서 케이블카로 해발 1,722미터의 발베르크^{Wallberg}에 단숨에 올라가 알프스 풍광 속으로 뛰어들어 보는 것도 좋다. 산정의 소성당에서 내려다보는 세상은 다를 것이다.

발베르크에서 내려다본 테게른호

뮌헨 중앙역 → 테게른제 역(RB57): 1시간 6분
테게른제 역 → 로타르 발베르크 케이블카 스테이션(Bus 356): 20분

뮌헨 중앙역에 정차 중인 테게른제행 열차(RB57)

중세 바이에른 베네딕도회의 중심지 테게른제 수도원

8세기에 쓰인 「성 퀴리노의 수난」에 따르면 746년 무렵 공작 가문의 아달베르트와 오트카르 형제가 이곳 호숫가에 베네딕도회 수도원을 설립했다고 한다. 장크트 갈렌 수도원의 수도승들이 이곳에서 정주했고, 곧 티롤 지방과 오스트리아 남부까지 영향을 미치는 그리스도교 문화 중심지로 자리 잡았다. 뮌헨으로 첫 수도승을 파견한 곳도 이곳으로 추측된다.

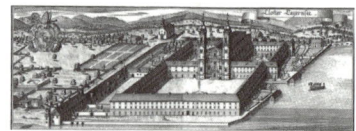
1700년대 전성기의 테게른제 베네딕도회 수도원

10세기, 테게른제 수도원은 오토 2세의 황실 수도원이 되면서 지역의 문화, 예술의 중심지로 꽃을 피웠다. 11세기 고츠베르트 아빠스가 주도한 수도원 개혁 운동은 바이에른의 여러 수도원에 영향을 미쳤다.

1455년에 테게른제 수도자들이 새로 설립된 안덱스 수도원에 정착했고, 베네딕트보이에른, 오버알타이히, 베소부룬 수도원의 아빠스도 모두 이곳 출신이었다.

장크트 퀴리누스 수도원 성당 15세기 수도원 화재 이후 새로 지었고, 1678년부터 바로크 양식으로 증개축했다. 현재 이 지역 본당으로 쓰이고 있다. 지하 소성당에는 비텔스바흐 공작과 가족이 묻혀 있다.

오버바이에른 맥주의 원조

1803년, 교회 재산이 국유화될 때까지 테게른제 수도원은 고지 바이에른에서 가장 중요한 수도원이었다. 국유화 이후 수도원은 폐쇄되고, 수도원 성당만 본당으로 쓰고 있다. 수도원 대부분 건물은 현재 김나지움이며, 나머지는 비텔스바흐 왕가가 김나지움, 맥주 양조장, 리큐어 증류소와 레스토랑을 운영하고 있다.

테게른제 헬레스 비어 1000년 무렵 수도원에서 곡물, 엿기름 부족으로 매일 일을 하지 못 하고 있으며, 신선한 음료를 준비해 손님을 맞이할 수 없다는 기록을 보면 천 년 넘게 이곳에서 맥주를 양조한 것으로 추측할 수 있다.

옛 테게른제 베네딕도회 수도원

테게른제 수도원 맥주 양조장 레스토랑　　수도원 앞 유람선 선착장

레포츠의 성지 발베르크

발베르크는 바이에른 알프스 망팔Mangfall 산악 지대에 있는 해발 1,722미터의 산이다. 곤돌라 케이블카로 산 정상까지 쉽게 올라갈 수 있어서 계절에 따라 하이킹, 알파인 스키를 즐기러 오는 사람들의 발걸음이 끊이지 않는다. 패러글라이더와 행글라이더가 이륙하기에 최적의 장소로도 꼽힌다.

발베르크 파노라마 레스토랑 1623m 고지에 자리한 케이블카 역에는 바이에른 알프스가 한눈에 들어오는 파노라마 레스토랑이 있다.

발베르크 장크트 크로이츠 소성당 1909년에 지은 소성당으로 여름철 주일에는 이곳에서 산정 미사가 봉헌되기도 한다.

하느님은 온 마음으로 그분을 찾는

이들에게 발견되신다.

성 빈센트 아 바오로(1581~1660)

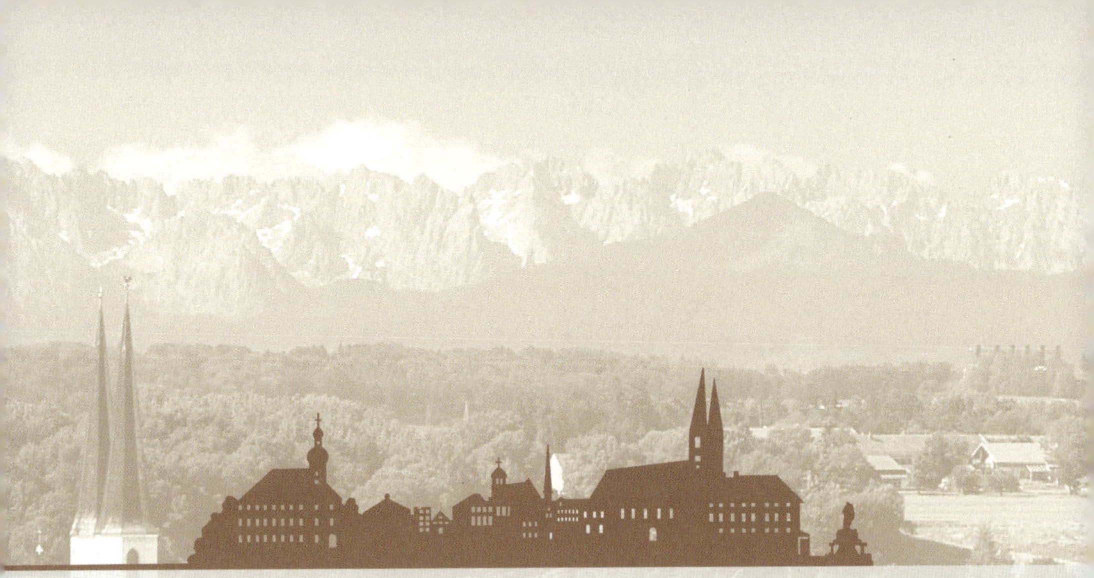

D3

바이에른의 신앙이 시작된 은총의 장소 알퇴팅

#알퇴팅 #성모성지 #검은성모자상 #그나덴카펠레 #비텔스바흐
#장크트콘라트성당 #성콘라도 #틸리 #파사우
#장크트슈테판대성당 #마리아힐프순례성당

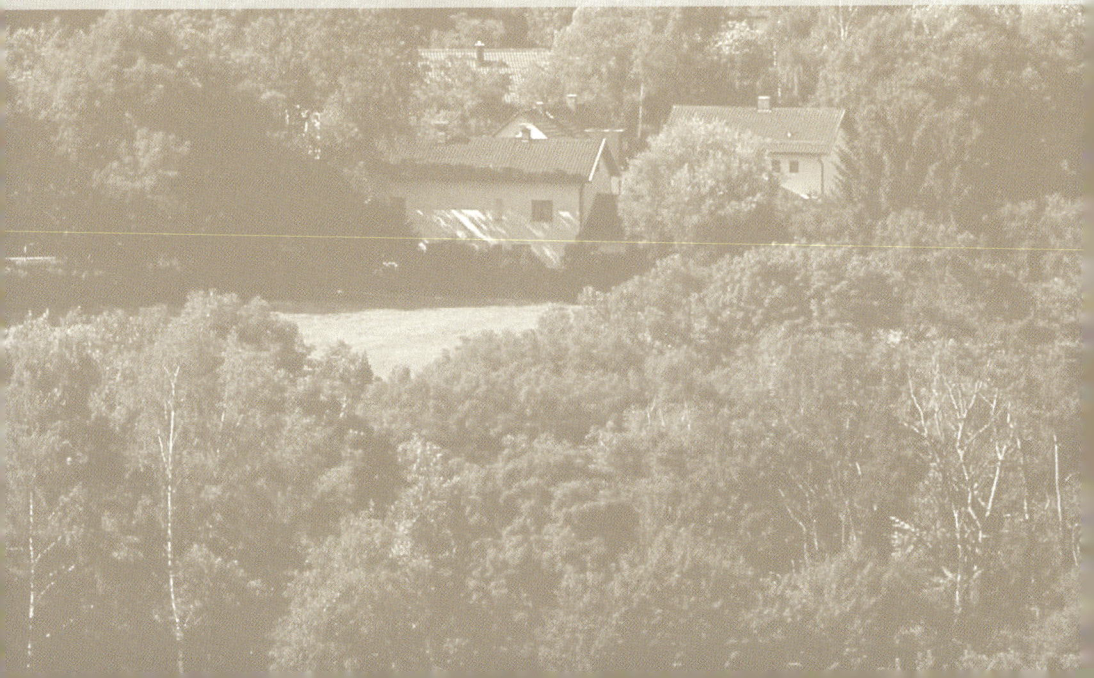

도움을 간구하는 이들의 장소

독일 뮌헨을 처음 여행하는 이에게 퓌센의 노이슈반슈타인성은 반드시 가고픈 장소로 꼽힌다. '동화의 왕'으로 불리는 루트비히 2세가 알프스 끝자락에 지은 성으로 디즈니성의 모티프이기도 하다. 이번에 찾아갈 순례지는 그 왕뿐 아니라 왕가와 아주 밀접한 관련이 있는 곳이다.

독일인은 어떤 중요한 일을 앞두고 막막해지거나 가슴 한편이 찢기는 일이 생기면 이곳에 찾아온다고 한다. 뮌헨에서 동쪽으로 차로 한 시간 남짓 달리면 나오는 조그만 시골 동네, 그곳에는 도움을 간구하는 이를 따뜻하게 맞이하는 은총의 장소가 있다.

알퇴팅Altötting. 뮌헨이나 레겐스부르크, 파사우에서 100킬로미터 정도 떨어진 곳으로 오스트리아 국경과 가까운 인구 13,000명 남짓의 작은 도시다. 뮌헨에서 알퇴팅까지 가려면 직행열차가 없어서 뮐도르프Mühldorf am Inn에서 한 번 갈아타야 하고 철도도 단선이다. 자동차가 그보다는 편하지만, 주변으로 흐르는 인강 때문에 안개가 자욱하게 낄 때가 많아 교통사고가 잦다. 그럴 때면 우회도로가 마땅치 않아서 정체가 풀릴 때까지 차에서 마냥 기다리기 일쑤다.

열악한 접근성에도 불구하고 매년 100만 명이 알퇴팅을 찾는다. 독일에서 가장 중요하고 유서 깊은 성모 순례지이기 때문이다. 그곳에 모셔진 '검은 성모자상'은 아픈 이들, 위험에 처한 이들, 곤경에 빠진 이들을 돕기로 유명하다. 부활절과 늦가을 사이에는 국내외에서 온 순례자로 온 동네가 들썩인다. 그룹 순례도 있고, 개인적으로 이곳에 들러 성모님께 위로와 도움을 구하고 감사를 표하

알퇴팅 도시 문장 천상의 모후 관 은 총 수성당, 비텔스바흐 가문의 조합으로 도시의 역사를 한눈에 드러낸다.

알프스 자락의 알퇴팅 독일 바이에른 주 오버바이에른 지역에 위치한 알퇴팅은 15세기부터 성모 마리아를 향한 깊은 신심의 중심지로 수많은 순례자가 이곳에서 위로와 희망을 얻었다.

거나 묵상하는 이들도 있다. 특히 성령 강림 대축일이면 수천 명이 2박 3일에 걸쳐 뮌헨이나 레겐스부르크 등지에서 도보로 이곳까지 순례한다.

   잠깐, 알퇴팅은 우리가 흔히 아는 루르드, 파티마와 같은 성모 발현 성지가 아니다. 오로지 이곳 사람들의 성모 신심이 1,200년 넘게 깊게 뿌리 내려 조성된 성지다. 역사상 세 명의 교황과 훗날 교황이 될 두 성직자도 이곳을 순례하며 성모님의 도움을 청했다. 1782년, 황제와 갈등을 빚던 비오 6세 교황이 빈에서 뮌헨으로 가는 도

> **TIP**
>
> **알퇴팅 가는 법**
>
> **자동차**
> - 뮌헨 → 파사우 고속도로(A94)를 타다가 22번 알퇴팅 출구(약 90km, 1시간 10분)
> - 잘츠부르크 → 알퇴팅 연방도로(B20) 이용(약 60km, 1시간 10분)
>
> **기차**
> - 뮌헨 → 뮐도르프(RB40, 1시간 10분) → 알퇴팅(RB42, 13분)
> - 잘츠부르크 → 뮐도르프(RB 45, 1시간 7분) → 알퇴팅(RB42, 13분)
> - 레겐스부르크 → 란츠후트(RE 25, 39분) → 뮐도르프(RB45, 1시간 10분) → 알퇴팅(RB42, 13분)

베네딕도 16세 교황 생가 2024년부터 베네딕도 16세의 삶과 신학적 유산을 전시하는 박물관으로 쓰고 있다.
📍 Marktplatz 11 84533 Marktl am Inn

베네딕도 16세 교황의 알퇴팅 사목 방문 교황 재위 이후 네 번째 사목 방문으로, 2006년 9월 9일부터 14일까지 고향 독일 뮌헨, 알퇴팅, 레겐스부르크를 사목 방문했다.

중 이곳에서 하룻밤을 묵으며 성모님께 의지했다. 20세기에 와서는 1980년에 성 요한 바오로 2세 교황이, 2006년에는 베네딕도 16세 교황이 이곳을 순례해 성모님께 감사를 드렸다. 바이에른 출신인 다마소 2세 교황도 젊었을 때 이곳을 자주 찾았으며, 바이에른 교황대사였던 비오 12세 교황도 여러 차례 머물렀다.

우리나라에는 유학생과 교민을 통해 알려지다가 베네딕도 16세 교황을 통해 언론에 언급되면서 인지도를 얻었다. 교황은 몇 킬로미터 떨어진 옆 동네인 마르크틀Marktl am Inn에서 태어났는데, 교황이 된 다음 해인 2006년에 어린 시절 자주 순례했던 '정신적 고향'을 다시 찾아와서 교황이 되기 전까지 끼던 추기경의 반지를 감사의 선물로 성모님께 봉헌했다.

바이에른 그리스도교 신앙이 시작된 곳

벽돌로 건축된 알퇴팅 역은 여느 시골 도시의 역과 비슷하다. 역에서 나오면 도심까지 반호프슈트라세가 쭉 뻗어 있다. 알퇴팅에 기차가 다니게 된 것은 19세기 말이었지만, 이 길이 생긴 건 제2차 세계대전 이후다. 조금이라도 빨리 순례자들을 은총의 장소에 다다르게 하기 위한 배려에서 탄생한 길인 것이다.

돌길을 10분 정도 걸으면 장크트 필리프·야코프St. Philipp und Jakob 성당의 두 종탑과 그 옆에 딸린 흰 소성당이 보인다. 장크트 필리프·야코프 성당은 옛날 의전사제단이 있던 수도원 성당으로 877년 동프랑크와 이탈리아 왕인 카롤로마누스가 세웠다. 그러니까 그 기원이 카롤루스 왕조 시대까지 거슬러 올라가는 유서 깊은 성당이다. 성당을 돌아 조금만 더 발걸음을 옮기면 여느 대도시의 도심 광장보다 넓어 보이는 푸른 잔디 광장이 눈앞에 펼쳐진다. 알퇴팅의 중앙 광장인 카펠플라츠다.

카펠플라츠는 여러 면에서 신비로운 장소다. 이른 아침이면 한적하다가도 정오 무렵부터 사방에서 순례자들이 서서히 몰려들기 시작한다. 광장은 곧 전 세계에서 모인 성직자와 수도자, 신자 그룹으로 북적인다. 저마다 다른 사연으

알퇴팅 시내 지도 카펠플라츠에 관공서와 우리가 가 볼 성당과 수도원 등이 모여 있다. 광장 가까이는 순례자 인파로 북적이기 때문에 순환도로 주변에 있는 주차장에 주차하고 움직이는 게 좋다. 어디서든 도보로 5분이면 광장에 도달할 수 있다.

로 여기에 왔지만, 목적지는 광장 한가운데 있는 푸른색 지붕의 아담한 소성당이다.

'그나덴카펠레'Gnadenkapelle, 즉 은총 소성당은 8세기에 세워진, 알퇴팅에서 가장 오래된 건물이다. 전승에 따르면 레겐스부르크에 거주하는 바이에른의 테오도 2세 공작이 680년 이곳에서 잘츠부르크의 주교인 성 루페르토에게 세례를 받았다. 공작은 자신이 바이에른의 통치자로서 첫 그리스도인이 된 이 중요한 사건을 기념하여 팔각형의 세례 소성당을 세우고 성모자상을 안치했다고 한다. 공작은 왜 레겐스부르크가 아닌 이 작은 마을에서 세례를 받았을까? 거기에는 복합적인 이유가 있었다.

알퇴팅, 즉, 구舊외팅은 이미 748년 초 '아우팅가스'란 이름으로 바이에른 공작의 궁이 있는 장소로 문헌에 등장한다. 하지만 이 지역은 그보다 훨씬 이전인 기원전 1300년부터 게르만족의 터전이었다. 강 주변에 펼쳐진 넓은 목초지와 빽빽한 숲 덕분에 게르만족이 농경과 사냥, 목축을 하며 살기에 매우 적합한 곳이었기 때문이다. 지금은 없어진 광장의 보리수 아래서 발굴한 유골 항아리를 보면, 이곳은 고대 게르만족의 성지이자 중요한 안건을 논의하고 결정하던 평의회인 '팅'thing이 열리던 장소였다. 그러니까 이 지역의 토착 세력이 아닌 바이에른 공작이 이교도의 성지에서 세례를 받고 소성당을 세운 데에는 정치적·종교적 함의가 분명했다. 이제 이곳은 하느님의 땅이라는 선언이었다. 이는 독일의 사도 성 보니파시오가 헤센 지역에서 선교할 때 게르만족의 지성소

▶ **알퇴팅 카펠플라츠** 마을 중심에 살짝 언덕이 진 광장으로, 한가운데 그나덴카펠레가 있다. 광장 주변으로 순례 성당과 수도원 성당, 관공서가 있다.

틸리카펠레 아우구스티노회 의전사제단 수도원 성당의 남동쪽 모퉁이에 딸린 소성당으로 1420년 무렵 2층으로 지어졌다.

그나덴카펠레 6세기 초 비잔틴 양식의 팔각형 산 비탈레 성당을 모델로 삼았다. 우측 부분의 팔각형 세례 소성당이 원형이며, 15세기 순례자들이 늘어나면서 확장했다.

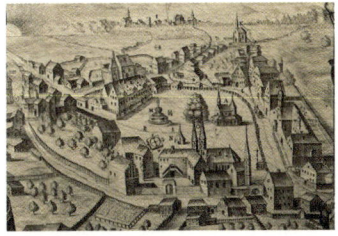

17세기 동판화의 알퇴팅 지금과 달리 광장 중앙에 보리수가 보인다. 1674년에 더 큰 순례 성당을 지을 계획으로 나무를 베었으나 실현되지 못했다.

인 토르의 나무를 베어 버린 모습을 연상시킨다.

다른 한편으로 알퇴팅은 '왕의 도시'라고 불릴 만큼 중세 초기부터 중요한 곳이었다. 주변에 흐르는 인강은 스위스에서 시작되어 오스트리아, 독일 남부를 가로지르는 로마제국 시대부터 중요한 교역로였다. 인스브루크, 쿠프슈타인, 파사우, 잘츠부르크 등이 인강이나 인강의 지류인 잘차흐강으로 연결되니, 이곳에 뗏목 뱃사공들이 강을 이용해 인스브루크와 파사우, 잘츠부르크 등을 오갔을 것이다. 육로가 발달하지 못한 중세에는 물류 대부분이 수로를 통해 이동했으니, 강은 오늘날로 치면 고속도로였다. 그래서 바이에른 공작의 궁이 여기에 있었고, 카롤루스 대제도 이곳을 정복한 후 행궁을 세우고 방백方伯에게 관리를 맡겼다.

도나우강으로 흘러가는 인강 517km의 강으로 스위스 알프스에서 시작되어 오스트리아 티롤을 지나 독일 바이에른으로 들어와 파사우에서 도나우강으로 흘러간다.

검은 성모님의 성지

광장을 지나 가로수로 둘러싸인 그나덴카펠레 경내로 들어서면 침묵 속에 나무 십자가를 짊어지고 회랑을 도는 사람들이 보인다. 과거 순례자가 놓고 간 십자가를 짊어지며 현재의 기적을 간구하는 순례자들이다.

인파로 북적이던 바깥세상과는 또 다른 분위기다. 회랑 천장과 성당 외벽에 내걸린 수많은 봉헌판에는 "성모님이 도우셨다"라는 문구가 눈에 띈다. 과거 사람들의 증언이 현재 봉헌판 앞에 선 순례자에게 어려울 때면 어머니께 의지하고 도움을 간구하라고 말한다. 가장 오래된 1501년도 봉헌판도 보이는데,

그나덴카펠레 입구 부조 잘츠부르크의 주교 성 루페르토가 바이에른 최초의 그리스도인이 된 아길로핑 가문의 테오도 2세 공작에게 세례를 주는 모습이다.

그나덴카펠레 회랑의 봉헌판 소성당에는 알퇴팅 순례의 오랜 전통을 증명하는 이천 개 이상의 봉헌판이 모셔져 있다. 소박한 신자들의 마음에서 우러나온 감사의 표시로, 그중 가장 오래된 것은 1501년에 봉헌됐다.

과거에 일어났던 기적들을 되짚다 보면 순간 타임머신을 타고 500여 년 전 중세로 돌아간 듯하다.

성당 안으로 들어가면 팔각형의 옛 소성당 공간이 보인다. 제대에는 황금 보관에 화려하게 보석으로 치장된 예복을 입은 검은 성모자상이 모셔져 있다. 얼굴과 손이 검은데, 물론 처음부터 검은색은 아니었을 것이다. 몇백 년 동안 초와 향의 그을음으로 목상이 까매지면서 자연스럽게 '블랙 마돈나', 즉 검은 성모님이 됐다. 주변의 은색과 대조되어 황금빛 속의 검은 성모자상의 이미지가 더욱 강렬하게 다가온다. 가만히 성모님의 인자로운 얼굴을 보고 있노라면 슬픔의 골짜기에서 순례하는 우리가 언젠가 이 귀양살이가 끝날 때 당신의 아들 우리 주 예수님을 뵐 수 있으리라는 위로와 희망이 피어난다.

어떻게 많은 사람이 알퇴팅을 순례하게 됐을까? 처음에는 영주의 세례 소성당이라는 이유만으로 충분했다. 하지만 순례의 열정이 불타는 계기는 으레 우리 삶에 위기가 찾아오고, 절망적인 순간에 기적처럼 보이는 사건, 아니 기적이 일어났을 때다.

1489년 가을 무렵이었다. 세 살배기 아이가 개울에 빠져 한참 뒤에 발견됐다. 엄마는 죽은 아이를 안고 소성당으로 달려와 주위 사람들과 함께 울며 성모님께 간구했는데, 아이가 되살아났다. 얼마 뒤 두 번째 기적도 일어났다. 한

그나덴카펠레의 한국인 순례 미사와 검은 성모자상 은총 소성당은 매일 5:30~20:00 열려 있으며, 오전에 매시간 순례자 미사가 있다. 한국 순례자 그룹이 미리 신청하면 은총 소성당에서 미사를 봉헌할 수 있다.

농부가 곡식을 싣고 밭에서 돌아오다가 천둥소리에 놀란 말이 수레를 박차고 나가는 일이 벌어졌다. 그 와중에 여섯 살 난 아이가 떨어져 수레바퀴에 크게 다쳤다. 아버지는 성모님께 도움을 청하며 맹세했는데, 다음 날 아이가 치유됐다. 이런 수많은 기적적인 치유가 계속 일어나면서 불과 몇 년 만에 알퇴팅 순례자의 수가 폭발적으로 증가했다. 기적 소식이 퍼지는 데에는 인쇄술의 발전도 한몫했다.

비텔스바흐 가문은 1499년부터 1511년까지 의전사제단 성당을 크게 증축해 순례자를 보살피도록 했다. 이곳을 찾은 수많은 귀족과 순례자의 봉헌과 기부가 끊이지 않았기에 건축 자금이 부족할 일은 없었다.

> 저기 검은 성모자상이 영주가 세례를 받았을 때 성모자상인가요?
>
> 모양으로 볼 때 아냐. 중세 초 로마네스크 양식의 성모자상은 보통 아기 예수님이 성모님 무릎 위에 앉아 있어. 최초의 성모상은 아마 마자르인 침입 때 유실됐을 거고, 지금 성모자상은 13세기 말이나 14세기 초쯤 부르고뉴 지방에서 만든 것으로 추정돼.

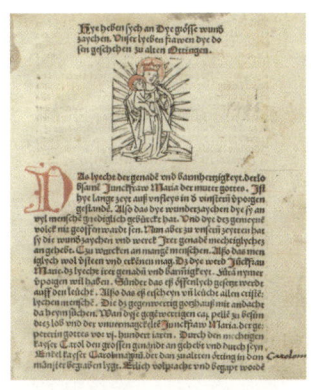

「우리 알퇴팅 성모님의 놀라운 기적」(1490) 알퇴팅의 기적에 대한 기록물이다. 인쇄술의 발전으로 알퇴팅 소식은 급속히 퍼졌고, 순례자들이 밀려들었다.

장크트 필리프·야코프 성당 길이 48.5m, 너비 18.5m, 천장 높이 12m의 독일 남부의 마지막 홀 형태의 성당이다. 1489~1511년 순례 붐이 일면서 옛 의전사제단 성당을 증축해 지었다.

'바이에른의 심장' 알퇴팅

사실 알퇴팅 순례의 역사는 비텔스바흐 가문을 떼어 놓고는 생각할 수 없다. 그들은 결정적인 순간에 늘 성모님께 의지했고, 그들의 꾸준한 후원 덕분에 종교개혁과 그 최악의 결과인 30년전쟁에도 알퇴팅의 성모 순례가 이어질 수 있었다. 왕가의 지극한 성모 신심은 그나덴카펠레의 벽감壁龕에 매장된 은 항아리에서 잘 드러난다.

현재 성당 안에는 비텔스바흐 가문에서 배출한 황제 1명, 왕 6명, 바이에른 선제후 3명 등 총 28명의 심장이 은 항아리에 담겨 검은 성모자상 곁에 있다.

마리엔베르크 입체 모형 전시관
알퇴팅의 순례 역사를 한눈에 알고 싶다면 방문 필수. 22개 장면을 3D 입체 모형으로 생생하게 재현했다.

개관
월~목 8:00~12:00, 13:00~17:00
금 8:00~12:00

● 부활절부터 10월 말까지 대림 시기에는 주말과 공휴일도 개관

📍 Marienwerk Kapellplatz 18, D-84503 Altötting

입체 모형으로 재현한 두 번째 기적의 모습

그나덴카펠레 제대 제대 옆에는 콘라도 성인상(왼쪽)과 '은銀 왕자'(오른쪽)상이 있다. '은 왕자'는 1737년 카를 알브레히트 선제후와 아내 아말리아가 중병을 앓던 외아들이 치유되어 감사의 표시로 아이 몸무게와 같은 은으로 동상을 만들어 봉헌한 것이다. 벽감의 은 항아리와 촛대 역할을 하는 하트 모양의 은 항아리에는 비텔스바흐 가문이 배출한 통치자의 심장이 담겨 있다.

황제와 황비의 이중 은 항아리 신성로마제국 황제 카를 7세(카를 알브레히트 바이에른 선제후)와 아말리아의 심장이 은 항아리에 담겨 성당에 매장됐다.

이 전통을 세운 것은 비텔스바흐 가문의 초대 선제후인 바이에른의 막시밀리안 1세(1573~1651)였다. 예수회 학교를 졸업한 그는 평소 그나덴카펠레를 자주 순례하며 검은 성모자상 앞에서 기도하곤 했다. 그는 30년전쟁 중 신교 세력과 격돌을 앞두고 검은 성모자상 앞에서 혈서를 써서 뮌헨과 알퇴팅을 봉헌하면서 성모님의 도움을 청했다. 현재 이 혈서는 성모자상 아래에 보관되어 있다. 뮌헨 편에서 이야기했듯이 신교 스웨덴군은 바이에른 대부분 지역과 뮌헨까지 점령했다. 그러나 막시밀리안 1세는 기적처럼 패전 위기를 모면했고 뮌헨도 파괴되지 않았다. 이에 대한 감사의 표시가 뮌헨 마리엔플라츠에 세운 성모 동상이었다. 그런 그였기에 죽어서도 검은 성모님 옆에 있고 싶다는 유언을 남겼고, 유언에 따라 심장을 성당에 매장했다.

심장을 성당에 매장한다는 사실이 꺼림직할지도 모른다. 하지만 중세는 상상이 곧 현실로 나타나기도 한 시대였다. 검은 성모님 옆에 영원히 머물겠다는 바람이 구체적 행동으로 드러난 것이다. 이 전통은 계속 이어져 '동화의 왕' 루트비히 2세의 심장도 1886년 8월 16일 그나덴카펠레에 열아홉 번째로 봉헌됐고, 마지막 봉헌이 1954년이었다.

가톨릭 신자였던 통치자들은 결정적인 순간에 늘 성모님께 의지했던 것 같다. 1681년, 오스만제국이 쳐들어오자, 비텔스바흐 가문의 선제후 막스 에마누엘(1662~1726)과 합스부르크 가문의 신성로마제국 황제 레오폴트 1세는 검은 성모자상 앞에서 '알퇴팅 동맹'을 맺는다. 1683년에 이들은 폴란드 원군과 함께 빈에서 오스만제국군을 격퇴하여, 역사상 이슬람 세력이 그리스도교 세계로 진격하는 것을 최종으로 저지했으니 성모 신심이 생기지 않는 게 이상하다.

파트로나 바바리애 막시밀리안 1세는 1616년 뮌헨 관저 정면에 성모자 청동상을 세우고 바이에른의 수호자로 공경했다. 1916년 베네딕도 15세 교황은 성모님을 바이에른의 수호성인으로 공인했다.

비텔스바흐 가문이 그렇게 유명한가요?

11세기 바이에른에서 시작된 백작 가문으로 1918년까지 바이에른 왕국을 다스렸던 유럽 명문가야.
세 명의 신성로마제국 황제와 왕을 배출했을 뿐 아니라 네덜란드, 덴마크, 노르웨이, 헝가리, 그리스를 통치했지. 영국 왕실의 윈저 가문도 비텔스바흐의 공주였던 하노버의 소피아의 후손이야. 오늘날 바이에른 표지도 비텔스바흐 문장에서 나왔어.

평범 속에서 탄생한 알퇴팅 성인

소성당에서 나오면 커피색 수도복에 흰색 허리끈을 두르고 광장을 지나는 수사 님들이 곧잘 보인다. 프란치스코 성인이 처음 창립한 '작은형제회'^{Ordo Fratrum Minorum(OFM)}에서 갈라져 나온 '카푸친 작은형제회'^{Ordo Fratrum Minorum Capuccinorum(OFM Cap)}의 형제들이다. 카푸친 작은형제회 형제들은 19세기 중반부터 장크트 안나 수도원에서 순례자들을 보살폈다.

독일 수도원 역사에서 19세기는 절명 직전의 시기였다. 하지만 그 힘든 순간에 선교 베네딕도회가 탄생했듯이, 카푸친 작은형제회에서도 알퇴팅의 첫 성인을 배출한다. 평생에 걸쳐 그리스도의 사랑을 실천하고 성인품

광장의 카푸친 작은형제회 수도자들 이탈리아어로 후드를 뜻하는 '카푸친'이 유난히 커서 다른 프란치스코회와 구별하여 '카푸친 작은형제회'라고 부른다. 에스프레소에 흰 크림을 얹은 카푸치노 명칭이 이 수도복의 색상에서 유래했다.

카푸친 작은형제회 수도원과 장크트 콘라트 수도원 성당 콘라도 수사가 성인 품에 오른 뒤 1951년 교황청의 승인을 받아 장크트 안나 성당에서 장크트 콘라트 성당으로 이름을 바꿨다.

에 오른 성 콘라도(1818~1894)다. 그는 입회 후 평수사로 평생을 수도원 문지기라는 평범한 소임을 맡아서 수도원을 찾는 순례자들과 가난한 사람들을 맞이했다.

성인의 유해는 현재 카푸친 작은형제회가 생활하는 장크트 콘라트 St. Konrad 수도원 성당에 모셔져 있다. 장크트 콘라트 수도원 성당은 수도원과 함께 17세기에 지어졌다. 원래는 막시밀리안 1세 선제후의 부인인 마리아 안나에 대한 감사의 의미로 성 안나에게 봉헌되어 장크트 안나 성당이라고 부르다가 1951년 장크트 콘라트 성당으로 이름을 바꿨다. 콘라트 성당은 알퇴팅에서 그나덴카펠레 다음으로 중요한 순례지여서 우리나라 순례자들도 이곳에서 순례 미사를 봉헌할 때가 많다.

원래 알퇴팅에선 예수회, 프란치스코회 등 여러 수도회가 중세부터 순례자들을 보살펴 왔다. 하지만 1802년 5월, 세속화 조치로 모든 수도원은 폐쇄됐고, 특히 외국에 본원이 있는 예수회와 프란치스코회는 독일에서 추방됐다. 프란치스코회 수도자들도 장크트 안나 수도원에서 쫓겨났고, 바이에른의 다른 카푸친 작은형제회 수도원의 수도자들이 빈 수도원에 이주해 살게 됐다. 독일 정부는 수도회가 자연스럽게 사라지도록 '소멸 수도원'으로 지정

왜관수도원 봉헌자의 순례 미사 성당 중앙에 콘라도 성인의 유해을 모시고 봉헌하는 미사는 우리 삶의 소명을 되새기는 시간이다.

성 콘라도의 생가 바트그리스바흐 파르츠함에 있는 성인의 농가로 당시 생활상을 보여 주는 전시실과 순례자 기도실이 마련돼 있다.
오스터미에팅 성당의 스테인드글라스 입회 전 콘라도 성인은 20년 넘게 농장에서 일했기에 독일어권에서 농부들의 수호성인으로도 공경받고 있다.

해 사목 활동을 금지했고, 새로운 입회자도 받지 못하게 했다.

힘든 시기가 지나고 교회에 유화적인 분위기가 조성되자 카푸친 작은형제회 형제들은 사목 활동에 나섰다. 힘든 시기에 축적한 에너지를 본격적으로 발산하기 시작한 것이다. 수도자들은 수도원이 순례자의 휴식처이자 도움이 필요한 이의 버팀목이 되도록 애썼는데, 그때 노력은 지금까지도 이어지고 있다. 이들의 본보기이자 결정체가 콘라도 성인이었다.

성인은 1818년 12월 22일, 알퇴팅에서 북동쪽으로 60여 킬로미터 떨어진 외딴 마을 파르츠함Parzham에서 농부의 아들로 태어났다. 부모는 아이의 세례명을 복음사가 요한을 따서 지었다. 요한은 12남매 중 열한 번째로, 신심이 독실한 어머니의 영향으로 당시로는 매우 드물게 일곱 살에 첫영성체를 했다. 일찍부터 신심이 깊고 예의 바른 아이로 주변 사람들의 칭찬이 자자했다고 한다. "저 아이한테 기도하는 법을 배워야 한다"라고 말할 정도였다.

요한은 14세에 어머니를 잃었고 2년 후에는 아버지를 잃었다. 그는 수도원에 들어가고 싶었지만, 나이와 재정 상태 때문에 받아들여지지 않았다. 어쩔 수 없이 조상 대대로 내려온 농장에서 하인으로 일했지만, 기도 생활을 소홀히 하지 않았다. 그러다가 1849년 비교적 늦은 나이인 31세에 카푸친 작은형제회의 장크트 안나 수도원에 입회했고, 1852년 서원식에서 콘라도라는 수도명을 받았다. 그의 소임은 수도원 문지기였다.

카푸친 작은형제회의 문지기로 산다는 것은 쉽지 않았다. 수도회의 카리스마가 알퇴팅의 순례자들을 돌보는 일이었기에 문지기는 언제든 수도원의 문을 두드리는 사람들을 맞이하고 최대한 그들을 보살펴야 했다. 숙소나 음식을 요청하는 순례자도 있었으며 배고파서 먹을 것을 구하러 온 아이들이나 거지들도 챙겨야 했다. 한마디로 끊임없는 봉사와 자기희생이 요구되는 소임이었다. 하지만 콘라도 수사는 문지기로서 41년간 한결같이 성심성의 껏 소임을 다해 수도원을 찾는 이들을 차별 없이 돌봤다. 길거리의 가난한 노동자, 굶주린 어린이, 정서적으로 고통받는 사람 등 누구에게나 사랑을 베풀고 존중했고, 알퇴팅을 찾는 순례자를 늘 온화하고 친절한 미소로 맞이하여 그들에게 깊은 감명을 주었다. 또한 하느님의 말씀으로 격려와 위로도 잊지 않았고, 자기 빵을 남겨서 나눠 줄 만큼 이웃사랑이 지극했다. 아이들을 특별히 아껴 만날 때마다 재밌는 이야기로 웃음꽃을 피웠으며, 짧은 만남 속에서도 하느님에 대한 사랑, 감사의 마음을 가르치려 노력했다. 아이들도 스스럼없이 아저씨 수사, 할아버지 수사를 따르며 그의 말에 귀 기울였다. 이 아이들 중 몇 명은 성직자가 됐는데, 이는 오로지 콘라도 수사의 가르침과 기도 덕분이라 하겠다.

콘라도 수사는 평소에 "늘 기도해야 합니다!"라고 말했다. 그 말처럼 성인은 실제로 기도에 대한 열정을 보였다. 새벽 3

장크트 콘라트 성당의 성인상 성인은 동네 아이들에게 친절한 아저씨, 자상한 할아버지 수사로 사랑받았다.

장크트 안나 수도원 문간방 성인은 문지기 소임을 하면서 틈틈이 성당으로 난 작은 창을 통해 성체 조배를 했다.
장크트 안나 수도원 방명록 성인은 언제 누가 어떤 이유로 수도원을 찾아왔는지 기록했다.

장크트 콘라트 분수 성당 외벽의 분수 물이 눈병에 치유 효과가 있다고 한다.

시에 일어나 성당으로 가서 기도를 시작하는 등 하루 18시간을 문지기로 봉사하면서도 십자가의 길, 성체 조배 등 기도 생활을 소홀히 하지 않았다. 특히 성체에 대한 깊은 신심에서 매일 성체를 영하기 위해 새벽 미사에 복사로 참례했다. 당시 평수사나 평신도는 기껏해야 일주일에 한두 번 영성체할 수 있었기에 매일 성체를 모시려면 그날 미사의 복사를 맡는 게 유일한 방법이었다.

기도에 대한 열정과 끊임없는 봉사 의지, 타인에게 보여 준 자기희생의 사랑은 모든 이의 본보기가 됐다. 콘라도 수사는 75세의 나이에도 소임을 다하다 1894년 4월 21일, 삼종 소리가 은은히 들던 토요일 저녁 하느님의 품에 안겼다. 그의 죽음을 전해 들은 사람들은 모두 "성인이 돌아가셨다"라며 진심으로 애도했다. 콘라도 수사는 사후에도 사람들에게 잊히지 않았다. 그의 도움을 받았던 이들, 알퇴팅에서 그의 이야기를 전해 들은 이들은 콘라도 수사가 계속 천국에서 도움을 줄 것이라 확신하고 그의 묘지를 순례하고, 때로는 그의 전구를 청했다. 그런데 그때마다 효험이 있었다. 하느님의 영광을 드러내기 위하여 평범한 소임을 기쁘게 받아들이고, 언제나 도움을 구하는 사람들에게 지극정성을 다한 콘라도 수사의 삶이 기적을 낳은 것이다. 마침내 콘라도 수사는 1930년 6월 15일 비오 11세 교황에 의해 시복됐으며 4년 후인 1934년 5월 20일 성령 강림 대축일 전례 중에 성인품에 올랐다.

베네딕도 16세 교황은 2006년 9월 알퇴팅을 공식 사목 방문했을 때, 장크트 안나 성당 저녁 미사에서 성인은 성경의 비유대로 "가장 낮은 자리에서 겸손한 문지기로 살며 그리스도의 사랑을 드러내셨다"라며 경의를 표했다. 콘라트 성당에서 성인이 일하며 살던 공간을 둘러보면, 평생 그리스도를 따르면서 사람들에게 도움이 되기 위해 낮은 모습으로 봉사해 온 삶이 어떤 면에서는 최초의 그리스도인인 성모님의 삶과 맞닿아 있다. 늘 순례자에게 도움이 되어 온 알퇴팅의 검은 성모자상의 신비가 거기에 있지 않을까. 지극히 낮고 단조롭고 평범한 일상에서 피어난 거룩함 …. 다시 삶의 현장으로 돌아갈 우리에게 던지는 메시지인 듯싶다.

알퇴팅만의 남다른 매력

짬을 내서 순례를 왔을 뿐인데 갑자기 너무 경건해진 것 아닐까? 하지만 알퇴팅도 사람 사는 곳이라 기도하는 순례자만 있는 건 아니다. 카펠플라츠 주변의 카페와 성물 판매점 앞은 관광객으로 북적대고, 뒷길의 호텔과 식당가도 여느 관광지처럼 웃음꽃이 피어난다.

순례 중에 뜻밖에 특이한 행사나 축제가 열린다면 이곳을 찾는 사람들에게는 또 다른 기쁨일 것이다. 매주 목요일 알퇴팅의 중심부는 전통 시장이 들어서 평소보다 더 활기차다. 이런 시간에 그나덴카펠레를 찾은 순례자라면 신선한 농산물이 왔다는 농부들의 소리에 반응하는 독일 주부들의 모습에 우리네 시골 마을 장터에 왔다고 느낄 정도다.

계절마다 하이라이트도 있다. 봄에는 사순절 시장이 들어선다. 보통 사순 제5주일에 열리는데 부활절 관련 상품을 사고파는 사람들로 카펠플라츠에서 방사선으로 뻗어 나가는 주변 도로까지 가득 찬다. 이때 이 지역 자동차 중고 시장도 같이 들어선다.

매년 성령 강림 대축일이 지난 첫 토요일부터 한동안 카펠플라츠는 축제의 공간으로 바뀐다. 알퇴팅의 봄 축제인 '호프둘트'가 시작되는데, 알퇴팅의 기적이 일어나고 성모 순례가 폭발하던 시점부터 600여 년 이어 온 축제다. 카펠플라츠에서 바이에른 전통 의상을 입은 이들의 행진으로 축제의 시작을 알리며, 5분 정도 떨어진 축제장에 큰 비어홀이 들어서고 지역 맥주가 진열된다.

아마 우리에게 가장 인기 있을 행사는 여름이 끝나갈 무렵에 열리는 유럽 최

알퇴팅의 봄의 축제인 '호프둘트' 호프둘트는 성령 강림 대축일 다음 주말에 열린다.

수도원 시장의 판매 부스 8월 말에서 9월 초 사이의 주말에 열리는데, 독일, 오스트리아의 베네딕도회, 시토회뿐 아니라 동유럽과 러시아의 수도원들도 참여해 그들 고유의 특산품을 선보인다.

대의 성물방인 수도원 시장일 것이다. 뮌헨에서 뭔가 특이한 것을 쇼핑할 생각이라면 이때를 놓치면 후회할지도 모른다. 유럽 전역에서 순례자들이 모여들 듯, 유럽 곳곳의 수도원과 교회 기관의 특산품도 카펠플라츠에 모이기 때문이다. 수도원 시장은 대개 8월 말에서 9월 초 사이 주말에 열리는데, '영혼과 육체의 즐거움'을 위한 여러 공연도 열리고 천 년 전통의 수도원 맥주를 맛볼 수 있을 뿐 아니라 여러 수도원의 포도주, 꿀, 초, 화장품, 성물 등을 살 수 있다.

10월 말에 열리는 '틸리 시장'Tily Markt은 좀처럼 독일에서 보기 힘든 민속 축제다. 광장 남쪽에 말을 타고 깃털 달린 모자를 벗으며 그나덴카펠레를 향해 인사하는 갑옷 입은 장군이 보인다. '틸리 시장'은 바로 이 장군과 그의 승리를 기리는 민속 축제로 200명이 중세 병사의 모습을 하고 당시의 승리를 기념한다. 가죽, 보석 세공, 비누 등 중세 시장에서 볼 수 있는 물건들을 파는 부스도 들어선다. 그 기간에 틸리카펠레Tilykapelle에서는 추모 미사도 봉헌된다.

평화로운 성모 성지에서 전승을 기리는 축제라니 어색할 수 있지만 알퇴팅이라 가능하다. 전쟁이 일상이던 30년전쟁 중에도 병사들은 알퇴팅 성모님 앞을 그

> **둘트가 뭔가요?**
>
> 둘트Dult는 매년 정기적으로 열리는 시장이란 뜻으로 전통적으로 대축일이나 순례일에 성당 마당에 들어선 시장을 가리켜.

틸리 시장 30년전쟁 가톨릭 병사를 재현한 사람들로 가득 찬다.

성탄 음악회 매년 대림 시기에 장크트 성당에서 음악회가 열린다.

냥 지나지 않았고, 특히 총사령관이던 틸리 백작은 검은 성모님을 정신적으로 의지하며 전장에 나가 싸웠다.

끝으로 대림 시기에 열리는 알퇴팅의 크리스마스 시장도 빠질 수 없다. 그나덴카펠레 주변으로 꼬마전구와 초로 아름답게 장식된 크리스마스 상점들과 글뤼바인에서 풍기는 과일과 계피 향, 눈과 코가 동시에 즐거워진다. 피라미드처럼 유리로 장식한 마리아 분수는 또 다른 구경거리다. 대림 주간 주말에는 장크트 안나 성당이나 장크트 콘라트 성당에서 크리스마스 시즌을 느끼게 해 주는 바이에른 전통곡을 연주하는 저녁 음악회도 열린다.

알퇴팅에는 세속적인 것과 거룩한 것이 공존하며, 순례는 일상의 일부일 따름이다. 이곳 분위기가 여느 성모 성지와 다른 건 바로 그 미묘한 조화 때문일 것이다. 그나덴카펠레, 장

카펠플라츠의 틸리 장군 요한 체르클라에스 폰 틸리 Johann T'Serclaes von Tilly(1559~1632) 백작은 30년전쟁 중 가톨릭 동맹군의 총사령관으로 신교에 맞서 신성로마제국과 바이에른을 위기에서 구해 냈다.

크트 콘라트 성당 등의 성지를 순례하다가도 축제에 참여할 수 있는 곳. 신앙이 전부가 아니라 일상에 신앙이 뿌리내린 마을이니 그런 모습이 오히려 자연스러운지도 모른다. 그게 알퇴팅에서 느낄 수 있는 독특한 경험이자 매력이다.

알퇴팅의 미사
그나덴카펠레 Gnadenkapelle
토·주일 6:00, 7:00, 8:00, 9:00,
　　　 10:00, 11:00 미사
월~금　6:00, 7:30, 9:00, 10:30 미사
매일　　6:00 묵주기도

장크트 필리프·야코프 의전사제단 성당
Stiftpfarrkirche
주일　8:30, 10:00, 11:15, 19:00 미사
월~금 19:00 미사
매월 첫 금요일 14:30 묵주기도, 15:00
병자들을 위한 미사(개별 축복식과 도유)

장크트 안나 성당 Basilika St. Anna
주일, 매월 첫 금요일 10:00, 11:30 미사
토 20:00 미사(9월, 10월 19:00 미사)
5~10월 토요일 저녁 주일미사 후
빛의 행렬

장크트 콘라트 성당 St. Konrad
주일 9:00 월~토 10:00

장크트 막델레나 수도원 성당 St. Magdalena
주일 9:00 묵주기도, 9:30 미사, 15:00
청소년 미사(둘째, 넷째 주일)
월~토 14:30 묵주기도, 15:00 미사

고해성사
장크트 안나 성당
매일 9:30~11:30(주일 9:00~11:30)

장크트 막달레나 수도원 성당
월~토 14:00~16:00

야외 십자가의 길
카펠플라츠 남쪽 의전사제단 성당 옆에
야외 십자가의 길로 들어가는 문이 있다.
보행 약자도 쉽게 참례할 수 있다.
성지 주일부터 모든 성인 대축일까지
8:00~17:00

알퇴팅 십자가의 길 제8처

인강의 요충지 제후 주교 도시
파사우

파사우는 도나우강, 인강, 일츠강 세 강이 합류하는 지점에 있어서 물의 도시라고 불린다. 타키투스의 『역사』Historiae를 보면 로마제국은 철의 산지 노리쿰을 차지하려고 인강 유역부터 점령해 나간다. 인강이 노리쿰을 관류하는 도나우강의 지류였기 때문이다. 특히 인강이 도나우강으로 흘러들어 가는 파사우는 로마군의 요충지로, 당시 세워진 로마군 요새 '카스트라 바타비아'가 오늘날 파사우의 시초다.

739년에 성 보니파시오에 의해 파사우 교구가 설정된 후, 파사우는 주교가 다스리는 도시가 되어 교역과 해운으로 크게 번창한다. 한때 파사우 교구는 신성로마제국에서 가장 큰 교구였고, 오늘날 오스트리아 수도인 빈도 교구 산하의 도시였다. 1803년 국유화로 주교가 영주인 시대가 끝나면서 파사우도 바이에른 왕국에 귀속됐다.

뮌헨 중앙역 → 파사우 중앙역(RE): 2시간 15분
레겐스부르크 중앙역 → 파사우 중앙역(ICE): 1시간
린츠 중앙역 → 파사우 중앙역(ICE/REX): 1시간 10분~30분

파사우 전경 흰 건물이 장크트 슈테판 대성당이다. 시청사 앞 선착장에서 도나우강 유람선과 레겐스부르크, 린츠를 오가는 정기 여객선을 탈 수 있다.

1300년 역사의 장크트 슈테판 대성당

장크트 슈테판St. Stephan 대성당은 720년경 세워진 아길로핑-카롤링 왕조의 성당이다. 739년에 파사우 교구 설정으로 교구 주교좌성당이 된다. 10세기 필그림 주교 재임 시기, 12~13세기, 14세기 세 번에 걸쳐 크게 증개축했으나 17세기 말 화재로 전소됐다. 그 뒤 1680~1694년에 길이 102미터, 폭 33.5미터, 천장 높이 29미터, 돔 높이 69미터의 현재 바로크 양식의 대성당으로 재건했다.

대성당에는 서쪽 회랑, 가대석, 본랑 천장 등 총 다섯 대의 파이프오르간이 설치되어 있으며, 주 연주대에서 다섯 대의 파이프오르간을 모두 연주할 수 있다. 주일미사 때마다

대성당 주 파이프오르간과 연주대 1928년에 후기 낭만주의 스타일로 새로 제작되어 성령 강림 대축일에 봉헌됐다. 서쪽 회랑의 파이프오르간은 레지스터가 208개로 한때 세계 최대 파이프오르간이었다. 가장 큰 오르간 파이프는 길이가 11m, 무게가 306Kg이다.

대성당 본랑과 성 스테파노의 순교를 모티프로 한 주 제대 첫 번째 프레스코화는 예수님이 성전에서 상인을 내쫓는 장면, 두 번째는 모세의 제사가 성찬의 전례로 대체되는 모습, 세 번째는 성령의 역사, 네 번째는 그리스도교의 승리, 다섯 번째는 가톨릭의 승리, 교차랑 천장은 천상의 하느님을 보여 준다.

하느님의 영광을 위해 17,974개 파이프가 233개의 음역으로 웅장한 소리를 낸다. 5월부터 10월까지 매월 한 번 목요일 저녁에 콘서트가 열리며, 여름 평일 정오에는 30분가량의 짧은 콘서트가 열린다.

바이에른의 바스티유
페스테 오버하우스 Veste Oberhaus

울리히 2세 제후 주교 때 파사우 주교령이 설치되면서 1215~1219년 도나우강 언덕 장크트 게오르크 소성당에 건설된 요새다. 1809년 나폴레옹이 파사우를 점령하고 이 요새를 교두보로 오스트리아와 싸우기도 했다. 19세기부터 20세기 초까지 군부대와 정치범 교도소로 이용했으며, 현재 유스호스텔과 오버하우스 박물관으로 쓰고 있다. 시내에서 도보로 20분 정도 걸리며, 전망탑에서 파사우 시내를 한눈에 바라볼 수 있다.

페스테 오버하우스와 니더하우스 아래의 흰 건물은 도나우강과 인강이 합류하는 지점을 수비하는 요새다.

Veste Oberhaus und Oberhausmuseum
📍 Oberhaus 125, D-94034 Passau
www.oberhausmuseum.de

마리아 힐프 순례 성당 1624~1627년 프란체스코 가르바니노가 건축. 성당 종탑 지붕은 1665년에 완성해 씌웠다. 카푸친 작은형제회가 순례자를 보살피다가 2002년부터 바오로회가 순례지를 관리하고 있다.

제국의 '도움의 성모' 기원, 마리아 힐프 순례 성당

인강 너머 인슈타트 언덕에 있는 마리아 힐프 성당은 파사우를 찾는 순례자라면 꼭 들르는 성모 순례지다. 1683년 신성로마제국의 수도 빈이 오스만튀르크 군대에 포위됐을 때, 파사우로 피신한 레오폴트 1세 황제가 매일 이곳에서 성모님의 도움을 청했다. 가톨릭 연합군은 "마리아여, 도와주소서!" Maria Hilf라는 군호를 외치면서 싸웠고, 결국 전투에서 승리하며 빈을 지켜 냈다. 그 이후 마리아 힐프 성당은 신성로마제국의 성모 신심의 중심지가 됐다.

제대에는 비잔틴 양식의 자비의 성모 Eleusa 이콘 모습인 「도움의 성모」 성화가 있다. 루카스 크라나흐의 사본으로 원본은 30년전쟁 후 전염병과 자연재해의 위협을 겪던 인스브루크 시민들을 위해 인스브루크 대성당으로 옮겼다. 이곳을 시작으로 수많은 도움의 성모 사본이 알프스 티롤 지역에 퍼졌다.

파사우 대성당 미사
주일과 대축일 7:30, 9:30, 11:30
평일 7:30(안드레아 소성당)

마리아 힐프 순례 성당 미사
주일과 대축일 10:00, 16:30(토), 19:00
평일 9:00(월·화·목·금), 19:00(월·수·금)
www.mariahilf-passau.de

순례 계단 순례자들의 편의를 위해 1628년 언덕 경사로에 총 321개 계단으로 된 순례 통로를 만들었다. 그 사이 이곳을 순례한 이들의 봉헌판을 볼 수 있다.

마리아 힐프 순례 성당 주 제대 루카스 크라나흐의 「도움의 성모」 사본이 걸려 있다. 성당 천장의 황금 샹들리에는 레오폴트 1세가 1676년 파사우에서 결혼할 때 봉헌했다.

'바이에른의 바다'의 두 섬을 찾아서

바이에른 남부의 심장부에 펼쳐진 푸른 보석 킴호Chiemsee는 알프스 빙하가 녹아내려 탄생한 호수다. 크기가 80제곱킬로미터로 '바이에른의 바다'라 불릴 만큼 넓고 광활할 뿐 아니라, 뮌헨과 잘츠부르크를 잇는 고속도로와 가까워서 여름이면 수많은 관광객이 들르는 휴양지다. 무엇보다 해발 1,669미터의 캄펜반트Kampenwand와 산봉우리들이 호수를 둘러싸며 장엄한 파노라마를 이루고 있어서, 자연과 문화 그리고 신앙이 하나 되는 순간을 경험할 수 있는 곳이다.

킴호와 캄펜반트 맑고 은은한 물결 위로 헤렌섬과 프라우엔섬을 잇는 유람선이 다닌다. 배 위에서 바라보는 캄펜반트의 풍경은 절경이다.

> 뮌헨 → 프리엔 암 킴제Prien am Chiemsee: 자동차(A8) 1시간 30분
> 기차(잘츠부르크행 EC, RB) 1시간
> 프리엔 암 킴제 → 헤렌인젤/프라우엔인젤: 선착장까지 도보로 이동 후 배편 이용
> chiemsee-schifffahrt.de

왕의 꿈이 깃든 헤렌섬

헤렌섬Herreninsel은 킴호의 가장 큰 섬으로 한때 수도원이 있었던 곳이다. 현재 이곳은 바이에른의 '동화의 왕' 루트비히 2세가 지은 웅장한 궁으로 유명하다. 절대왕정을 동경했던 루트비히 2세는 베르사유궁을 모방해 1878년부터 궁을 짓기 시작했다. 비록 완공되지 못했지만, 내부의 화려함은 그에 뒤지지 않는다.

헤렌섬과 옛 베네딕도회 수도원 처음 베네딕도회 수도원으로 시작했다가 13세기 아우구스티노회 수도원이 되었다. 수도원 성당은 1807년까지 잘츠부르크 대교구 산하 킴제 교구의 주교좌성당으로 쓰였다. 그 뒤로 숲속에 헤렌킴제 성이 보인다.

헤렌킴제성의 거울의 방 헤렌킴제성은 퓌센의 노이슈반슈타인성, 에탈의 린더호프성과 더불어 루트비히 2세의 꿈의 궁전 중 하나다.

천년의 영적 중심지 프라우엔뵈르트 수녀원

프라우엔섬Fraueninsel의 조그만 마을을 지나면 독일에서 가장 오래된 수녀원에 속하는 프라우엔뵈르트Frauenwörth 베네딕도회 수녀원이 있다. 수녀원은 782년에 바이에른의 타실로 3세 공작에 의해 설립되었고, 수녀원 성당은 당시 잘츠부르크 주교였던 성 비르질리오에 의해 봉헌되었다. 850년경 카롤루스 대제의 증손녀인 이르멘가르트 수녀원장에 의해 재건되었고, 이후 천 년 넘게 기도와 노동, 환대의 삶을 이어 오고 있다.

프라우엔섬 수녀원과 마을에 200여 명의 주민이 거주하고 있어서 1년 내내 배편이 다닌다.

캄펜반트(1,699m) 정상의 십자가는 바이에른 알프스에서 가장 크며 멀리서도 보인다. 산 중턱까지 케이블카가 다닌다. www.kampenwand.de

수녀원 성당인 마리아 오퍼룽 성당 평생 예수님을 위해 사신 성모님의 희생을 기리며 세운 성당으로 12세기 초에 지었다. 칼에 찔리는 듯한 아픔을 표현한 성모상이 인상적이다. 주일과 대축일 9:30 미사

복자 이르멘가르트의 무덤 1928년 12월, 비오 11세 교황에 의해 시복되었다.

순례를 떠나는 사람은 동경을 느끼는 사람이며,
무언가를 찾고 있습니다.

미하엘 카민스키, 독일 종교 교육자 겸 순례 가이드

알프스 자락
영혼의 오아시스를 찾아서

#알프스수도원 #베네딕트보이에른 #성베네딕도성지
#성아나스타시아 #코헬호의기적 #루트비히4세 #에탈 #에탈의마돈나
#오버암머가우 #예수수난극 #가르미슈파르텐키르헨 #비스성당
#추크슈피체 #괴테_이탈리아기행

하늘이 땅과 입맞추는 곳 베네딕트보이에른

독일에서 가장 아름다운 드라이브 코스 중 하나는 독일 남부 바이에른 산록 지대를 지나는 길이다. 풍광이 아름다울 뿐 아니라 길목마다 유서 깊은 베네딕도회 수도원과 고성이 들어서 있다. 이 길의 기원은 로마제국 시대로 거슬러 올라간다.

기원전 15년 로마군은 오늘날 독일과 오스트리아 국경을 이루는 알프스를 넘어서 로이자흐강과 파르트나흐강이 흘러드는 분지를 차지하고 역참을 만든다. 그곳은 알프스를 가로지르는 두 주요 경로인 인스브루크 지역, 브레너 고개와 가까웠고, 로이자흐강은 이자르강과 이어지는 중요한 물길이어서 물자 이동을 지원하는 데 유리했다. 로마군은 여기를 거점으로 오늘날 아우크스부르크와 뮌헨, 레겐스부르크 두 방향으로 진출해 라에티아Rhaetia, 즉 오늘날 독일 바이에른 지역을 차지한다.

이때 로마군이 닦은 길은 나중에 중세 교역로로 발전한다. 특히 뮌헨에서 출발해 볼프라츠하우젠을 거쳐 코헬호, 발헨호 두 호수를 지나 미텐발트에서 산맥을 넘는 루트는 중요 교역로로 자리 잡았고, 중세 초기부터 이 길의 주요 지점에 베네딕도회 수도원이 들어섰다. 오늘 가 볼 순례지도 그곳 수도원들과 성당이다. 이 길은 그 자체로 뮌헨에서 떠날 만한 충분한 하루 코스가 되지만, 인스브루크나 퓌센의 노이슈반슈타인성 관광객도 오가는 길에 들러 볼 만한 장소이다.

독일의 대문호 요한 볼프강 폰 괴테도 이 경로를 따라 어릴 때부터 동경하던

베네딕트보이에른 수도원과 베네딕텐반트 수도원 옆으로 기차역이 보이고 뒤로는 코헬호와 '베네딕도의 산'이라고 불리던 1,800m 높이의 베네딕텐반트 능선이 보인다. 괴테는 저 사이 고갯길을 넘어 미텐발트를 지나 인스브루크, 볼차노, 베로나 등을 방문하며 여행을 이어 나갔다.

이탈리아로 여행을 떠났다. 1786년 9월 7일, 괴테가 탄 마차는 뮌헨을 떠나 안개 낀 이자르강 곁으로 난 길을 따라 남쪽으로 향했다. 정오 무렵 괴테의 눈앞에는 알프스 산들이 점점 다가오며 새로운 세상이 펼쳐졌다. 호수를 낀 너른 평야에 양파 모양의 탑이 있는 길고 폭넓은 건물이 있고, 그 뒤로 정상에 눈 덮인 흰 암벽이 우뚝 솟아 있었다. 괴테가 본 건 로이자흐강과 이자르강 사이에 펼쳐진 퇴적 평야에 자리한 베네딕트보이에른^{Bendiktbeuern} 수도원과 해발 1,800미터의 능선인 베네딕텐반트^{Benediktenwand}다.

베네딕트보이에른 수도원은 오버바이에른 지방에서 가장 오래된 베네딕도회 수도원이다. 11세기 문헌에 따르면, 725년 카롤루스 대제의 삼촌인 카롤루스 마르텔루스가 로마로 가는 길목인 이곳 '개간지'^{buran}에 역참을 세우고 지역 귀족인 란트프리트에게 통치를 맡겼다고 한다. 740년 무렵 란트프리트의 동생인 발트람, 엘리란트는 이곳에 수도원을 설립했다. 보니파시오 성인이 학식

오버바이에른의 강과 호수 지도와 주변 수도원

① **셰프트라른 수도원**   762년에 설립된 베네딕도회 수도원. 1140년부터 1803년까지 프레몽트레회 수도원, 현재 바이에른연합회 베네딕도회 수도원.
② **슐레도르프 수도원**   763/772년 설립된 베네딕도회 수도원.
   1904년부터 선교 도미니코회 수도원이었다가 현재 2020년 슐레도르프 공익재단.
③ **디트람스첼 수도원**   1098년 이전 설립된 베네딕도회 수도원. 현재 살레시오회 수도원.
④ **슈타펠제 수도원**   740년 슈타펠호의 섬에 설립된 베네딕도회 수도원.
   1773년 철거 후 본당만 내륙으로 이전.
⑤ **베넥딕트보이에른 수도원**   740년 설립된 베네딕도회 수도원. 현재 살레시오회 수도원, 교육 센터.

있고 덕망 높던 란트프리트를 서품한 뒤 초대 수도원장으로 임명했다. 자료가 거의 없어서 시기는 불명확하지만, 이곳이 중세 초 게르만족 선교를 위해 들어선 1세대 수도원이었음은 분명하다.

955년에 헝가리인이 쳐들어와 수도원은 폐허가 됐지만, 아우크스부르크의 성 울다리코Ulrich von Augsburg 주교가 보낸 의전사제단에 의해 재건된다. 그 후 1031년, 콘라트 2세 황제에 의해 테게른호 인근의 베네딕도회 수도자들이 이곳에 정착하며 수도원 학교를 여는 등 수도원은 번성기를 맞는다. 교회사에서 클뤼니 수도원, 고르즈 수도원 등을 중심으로 개혁이 한창일 때였다.

12세기에 수도원은 금속 세공과 필사화로 유명했고, 한때 수도원 도서관에 소장된 필사본이 250편이 넘었다. 1248년에는 대화재로 큰 피해를 입었지만, 주변의 베네딕도회 수도원의 도움으로 재건되었다. 1273년, 바이에른 최초로 성체 성혈 대축일의 성체 거동이 이곳에서 거행되며 옛 위상을 되찾았다.

종교개혁과 30년전쟁의 시기를 이겨 낸 뒤 수도원은 음악, 수학, 식물학을 교육하는 수도원 학교와 바이에른 베네딕도 연합회의 신학대학을 다시 열며 문화적 융성기를 이뤘다. 1644년에는 맥주 양조장을 다시 열고, 뮌헨과 인스브루크를 잇는 우편 사업도 재개하는 등 경제적 번영도 같이 이루어졌다. 500여 가구가 수도원 덕분에 먹고살았고, 코헬호에 노년의 수도자들이 지낼 수 있는 휴양소를 세울 정도의 여력도 있었다.

당시 괴테가 본 것은 이런 경제력을 바탕으로 1669년부터 바로크 양식으로 새롭게 증축한 웅장한 수도원 모습이었다. 하지만 그 모습이 마지막이었다. 1803년의 세속화는 베네딕트보이에른 수도원에도 재앙이었다. 베네딕도회 수

호텔 포스트 베네딕트보이에른에서 가장 오래된 여관으로 괴테가 이곳에서 잠시 쉬었다. 서쪽 벽에 괴테 일행 모습이 그려져 있다.

베네딕트보이에른 수도원과 수도원 안뜰 기차역에서 내리면 저 멀리 수도원 성당 양파 모양의 두 종탑과 아나스타시아 소성당(우측하단)이 서서히 눈에 들어온다.

도자들은 천여 년의 활동에 마침표를 찍고 뿔뿔이 흩어졌고, 넓은 경작지는 주변 농부들에게 매각됐다. 수도원 성당은 가난한 시골 마을의 본당이 되어 버렸고, 수도원과 농장 건물에는 광학유리 공장이 들어섰으며, 나머지 건물은 국가 소유가 되어 군마를 사육하는 시설로 쓰이다가 제1차 세계대전 이후에는 주로 군인 막사, 장애인 요양원, 감옥으로 사용됐다.

이제 베네딕트보이에른에서 검은 수도복을 입은 수도자들은 볼 수 없다. 대신 이곳은 청소년과 대학생들로 활기차다. 1930년, 교육 수도회인 살레시오회(SDB)가 수도원 단지를 인수하면서 수도원은 청소년 교육기관 및 학술 연구소로 변모했다. 하지만 옛 베네딕도회가 남긴 유산은 그대로다. 알프스 순례자들은 베네딕트보이에른에서 잠시 걸음을 멈춘다. 무엇보다도 이곳에서는 다른 곳에서는 볼 수 없는 성 베네딕도와 성 아나스타시아의 성유물을 참배할 수 있다.

뮌헨에서 베네딕트보이에른으로 가는 법
자동차로 50분(A95, B472), 기차로 1시간(RB66가 90분마다 운행).
역에서 도보로 5분.

수도원 연회장 1670년에 수도원을 증축할 때 2층에 조성한 아빠스의 공간으로 현재 살레시오 영성 센터나 뮌헨 가톨릭 재단 대학에서 쓰고 있다.

프라운호퍼 유리 공장 박물관 1805년에 우츠 슈나이더가 세운 유리 공장이다. 스펙트럼 흡수선을 발견한 물리학자 요제프 폰 프라운호퍼(1787~1826)가 1808년부터 1818년까지 이곳에서 일하며 획기적인 성공을 거두었다. 매일 9~16시 개관(무료)

성 베네딕도의 도시

회랑으로 둘러싸인 정원을 지나면 수도원 성당이 눈에 들어온다. 1681년에 옛 고딕 양식의 성당을 철거한 후 1686년까지 바로크 양식으로 새로 지은 것이다. 따라서 성당 외관은 바로크 초기 모습이지만, 내부는 바로크 전성기의 모든 특징이 한데 집약되어 있다. 이후 요한 밥티스트 치머만, 게오르크 아잠 등 로코코 양식 대가들의 손길을 거치며 그 아름다움을 더했다.

성당에 들어서면 뮌헨의 바로크 대가 엔리코 추칼리를 주축으로 한 예술가 그룹의 작품들과 게오르크 아잠이 그린 「그리스도의 탄생」 천장 프레스코화와 주 제대의 제단화가 눈에 들어온다. 제단화는 수도원 이름처럼 삼위일체 하느님과 성모 마리아를 바라보는 성 베네딕도를 그렸다. 제대 아래에는 팔 모양의 성해함이 보인다. 카롤루스 대제가 프랑스 생브누아쉬르루아르 Saint-

지하 소성당 벽화의 초대 아빠스 란트프리트 란트프리트가 카롤루스 마르텔루스에게 새로 세운 부란 수도원을 안내하고 있다.

베네딕트보이에른 수도원 성당 적갈색과 흰색 대리석 기둥을 골자로 한 주 제대는 프라이징 대성당을 모델로 했다. 성 베네딕도가 천주의 모친과 삼위일체를 바라보고 있는 모습을 그린 제대화는 마르틴 크뇰러의 1788년 작품이다. 오른쪽 8m 크기의 강론대는 마르틴 슈트라이허가 1686년에 제작한 것. 1973년에 바오로 6세 교황에 의해 '준대성전' Minor Basilica으로 지정됐다.

Benoît-sur-Loire 수도원에서 모셔 온 베네딕도 성인의 오른팔 유해다. 이곳 지명이 '베네딕토부라눔'Benedictoburanum, 즉 베네딕트보이에른으로 불리게 된 것도 이때부터였다. 유럽의 수호성인인 베네딕도의 성해를 모시게 되면서 베네딕트보이에른은 단숨에 유럽에서 주요 베네딕도회 수도원 중 하나이자 로마, 산티아고데콤포스텔라를 잇는 알프스 이북의 중요 순례지가 됐다. 현재 베네틱트보이에른은 몬테카시노와 생 브누아쉬르루아르에 이어 중요한 베네딕도 성인 순례지로 꼽힌다.

그런데 제대 맨 상단의 두 천사 사이에 커다란 시계가 눈에 띈다. 미사 중에 분심이 들지 않을까 싶지만, 시계는 바로크 양식 성당의 특징 중 하나다. 종교개혁의

> **베네딕도 성인 무덤은?**
>
> 이탈리아 몬테카시노 수도원에 있어. 653년 성인의 유해 일부를 프랑스 생브누아쉬르루아르 수도원으로 옮겼대. 원래 그 동네 이름이 플뢰리였는데 생브누아로 바뀌었어.

성 베네딕도의 성해함 성당 주 제대 아래에 오른팔 유해가 소장된 은상이 전시되어 있다.

지하 소성당 고통의 성모 성모님이 생애 동안 겪었던 일곱 가지 슬픔과 고통을 주제로 한 성모상이다.

여파, 30년전쟁의 암흑기를 지나며 표출된 바로크 미술에서 죽음은 묵상의 주제였다. 밝고 화려한 바로크 양식의 성당은 지옥 같은 바깥세상에서 하느님을 찾아온 이들에게 천국의 모습을 보여 주며 위로를 건네는 동시에, 삶의 유한함, 인생무상을 성찰하고 곧 다가올 죽음을 의미 있게 준비하게 하는 멀티미디어 공간이었다. 제대 위 시계는 독일에 간 김에 순례하는 우리에게 늘 깨어 있으라고 말하는 듯하다.

로코코 보석을 낳은 코헬호의 기적

이제 수도원 성당을 나와 성 아나스타시아 소성당으로 발걸음을 옮겨 보자. 소성당 제대 한가운데 성인의 성유물이 담긴 은색 흉상이 눈에 들어온다. 성 아나스타시아는 304년경에 디오클레티아누스 황제의 박해로 순교한 성인으로 5

아나스타시아 소성당 왼쪽 팔각형 건물로 수도원 묘지 쪽에 성당 입구가 있다. 수도원 성당 주 제대 뒤편으로 통로가 있지만, 성당 수도자만이 출입할 수 있다.

성 아나스타시아 성해함 1725년 뮌헨에서 제작된 흉상으로 이 안에 머리뼈 성해가 모셔져 있다. 순례 미사 후 친견할 수 있다.

세기 말 로마 미사 경본의 감사기도에서 기억하는 성인 일곱 명 중 한 명이었다. 성 아나스타시아의 성유물은 1053년 베로나에서 베네딕트보이에른으로 모셔 온 것이다. 중세에 구마와 치유의 성인으로 공경받았기에, 간질이나 두통으로 고통받는 사람들이 성유물을 찾아왔다. 순례자가 늘어나면서 1606년에 성인에게 봉헌한 소성당을 세웠는데, 또 한 번의 큰 기적으로 로코코 양식의 보석이 탄생한다.

1703년, 권력욕에 불타던 바이에른 막스 에마누엘 선제후는 스페인 왕위 계승 전쟁에 뛰어들어 지금의 오스트리아 서쪽 티롤 지방을 점령했다. 하지만 오스트리아군과 티롤 소총수의 저항이 거셌다. 그들은 알프스 산록 지대의 바이에른 마을을 공격해 약탈했고, 베네딕트보이에른 수도원도 예외는 아니었다. 다행히 수도원 주변의 습지가 군대를 막아 주는 자연 방벽이 되어 한동안 안전할 수 있었다. 지금도 수도원을 벗어나 호수로 가는 산책로를 따라 걸으면 주

아나스타시아 소성당 제단화 1752년, 야코포 아미고니의 작품으로 천국에서 성인이 환자들을 위해 기도하는 모습을 그렸다.

천장 프레스코화 제단화에 이어지는 주제로 성 아나스타시아가 삼위일체인 하느님과 성모님을 통해 천국에 들어가는 모습이다. 1752년 요한 야코프 차일러 작품.

변에 실개천이 얽혀 있음을 금방 알 수 있다.

그해 겨울은 몹시 추웠다. 1704년 1월 말이 되자 호수와 습지가 꽁꽁 얼어붙어 더 이상 안전지대가 되지 못했다. 마침내 1월 28일, 오스트리아군과 티롤 소총수가 요새를 떠나 베네딕텐반트 고갯길을 넘기 시작했다는 소식이 난민을 통해 전해졌다. 때마침 그날은 그 지역 사람들의 성 아나스타시아 기념일 전날이어서 수도자 서른 명은 아나스타시아 성인의 성유물 앞에 모여 이 위기에서 구해 달라고 도움을 청했다.

그날 오후부터 갑자기 알프스 넘어 건조한 열풍인 푄Föhn이 거세게 불기 시작했다. 세 시간 만에 로이자흐강의 얼어붙은 습지가 녹으면서 오스트리아군의 말과 수레는 진흙탕에 빠졌고, 병사들도 얇아진 빙판에 빠져 버렸다. 당황한 군인들은 하느님이 수도원을 보호하신다고 여겨 싸움을 포기하고 퇴각했다. 당시 아빠스는 감사의 마음으로 소성당을 다시 짓겠다고 서약했고, 전쟁이 끝

코헬호의 습지(좌) 로이자흐강과 코헬호의 실개천이 얽혀 있는 늪이 많았지만, 지금은 대부분 간척해 농경지로 만들었다. **코헬호의 기적(우)** 1710년 카를 마이헬벡 신부가 쓴 성 아나스타시아의 전기와 기적에 관한 책에 실린 판화. 1053년에 모셔 온 성인의 유해 덕분에 일어난 기적들을 기록했다.

난 후 1751년부터 1753년까지 기존 소성당 자리에 지금의 타원형 형태의 로코코 양식의 소성당을 새로 지어 봉헌했다. 이후 코헬호의 기적이 알려지면서 베네딕트보이에른에 순례자들이 밀려들었다. 성인의 성해함에 손을 얹고 기도한 뒤 두통이나 정신 장애를 치유한 이가 많았다고 한다.

사실 알프스 지역의 날씨는 변덕스럽기 그지없다. 겨울에도 갑자기 뜨뜻미지근한 바람이 불고, 한여름에 주먹 크기의 우박이 쏟아지기도 한다. 최근 기상이변으로 그 양상은 더 극적이어서 2023년 여름에는 우박과 폭우를 동반한 폭풍이 수도원을 덮쳐 창문이 거의 다 깨지고 지붕도 크게 파손되어 어마어마한 피해를 남겼다. 원래 멀리 알프스 이남에서 불어오는 푄은 높은 산맥을 넘으면서 건조하고 더운 바람으로 바뀐다. 우리나라 태백산맥에 부는 높새바람도 일종의 푄이다. 당시 푄은 그저 자연현상일지 모르지만, 그날 그 시간에 푄이 분다는 것은 기적이 아닐 수 없다.

> **러시아 이름에 아나스타시아가 많던데요?**
>
> 맞아 동방정교회가 있는 중앙 유럽과 러시아에 많아. 그리스어로 '부활, 소생'을 뜻하는 말로, 초대교회에서 부활절이나 성탄절 가까이에 태어난 아이들에게 많이 지어 주던 이름이야.

수도원 미사
태풍 피해 복구 공사로 당분간 소성당에서만 미사를 봉헌한다(주일 9:00, 평일 7:00).

수도원 투어
성수기: 주일 13:00, 14:30 평일 14:30
비수기: 주일과 토요일 14:30

수도원 돈 보스코 유스호스텔
📍 Don-Bosco-Straße 3, 83671 Benediktbeuern
@ info@don-bosco-jh.de

헤르초크슈탄트(1731m)에서 바라본 발헨호와 알프스 루트비히 2세의 사냥 별장이 있던 곳으로 케이블카가 있어 하이킹, 스키를 즐기는 관광객으로 늘 붐빈다. 괴테는 발헨호를 지나 미텐발트에서 인스브루크를 거쳐 이탈리아로 갔다. www.herzogstandbahn.de

암머가우 산맥 자락의 에탈 수도원 루트비히 4세는 교황과 갈등을 빚던 1330년에 독일 남부에서 이탈리아로 가는 옛 로마 통상로에 베네딕도회 수도원을 세웠다.

맹세의 골짜기로 가는 길

이제 알프스로 좀 더 깊이 들어가 보자. 다음 목적지는 알프스 산골짝 해발 877미터에 자리한 에탈Ettal 수도원과 작은 마을 오버암머가우Oberammergau로, 통치자와 백성의 신앙심이 서려 있는 곳이다. 에탈 수도원은 뮌헨에서 퓌센으로 가는 길에서 오른쪽으로 꺾어 오스트리아 페른파스Fernpass 고개로 이어지는 옛 로마 가도를 타면 만날 수 있다.

에탈로 가려면 보통은 뮌헨과 가르미슈파르텐키르헨Garmisch-Partenkirchen을 연결하는 95번 고속도로에 올라 11번, 23번 연방 도로를 타는 코스가 수월하다. 하지만 베네딕트보이에른에 기왕 왔으니, 남쪽으로 조금 돌더라도 괴테가 넘었던 베네딕텐반트 고개와 발헨호를 지나는 경로를 추천한다. 괴테가 발헨호를 지나면서 바라봤던 멋진 풍광은 그럴 만한 가치가 있다.

가르미슈파르텐키르헨을 지나 오버아우에서 23번 연방 도로로 이어지는 오르막길을 오르면 조그만 마을로 둘러싸인 거대한 돔이 갑자기 눈앞에 나타난다. 신성로마제국의 루트비히 4세 황제가 세운 에탈 베네딕도회 수도원이다.

뮌헨 이자르 성문의 전승 기념 프레스코화 1322년 9월 28일, 루트비히는 사촌 프리드리히를 뮐도르프 전투에서 최종적으로 제압한다. 하지만 루트비히가 교황의 승인 없이 독일 왕에 올라 교황령 근처의 작위까지 수여했다는 이유로 파문당하면서 다시 갈등에 휘말린다.

바이에른 비텔스바흐 가문의 루트비히 4세 황제는 세계 교회사에서 빼놓을 수 없는 인물이다. 룩셈부르크 가문의 하인리히 7세가 세상을 떠나자 그 자리를 놓고 룩셈부르크, 합스부르크, 비텔스바흐, 카페 가문 사이에 치열한 경쟁이 벌어진다. 신성로마제국 황제가 되려면 우선 선제후 일곱 명의 투표에서 독일 왕으로 선출되어야 한다. 그런 뒤 독일 아헨에서 대관식을 치르고, 이탈리아 로마로 가서 교황에게 관을 받으면 비로소 신성로마제국의 황제가 된다. 1314년, 치열한 선거전 끝에 비텔스바흐 가문의 루트비히와 합스부르크 가문의 프리드리히가 제각각 독일 왕에 오르는 일이 발생한다.

1322년, 뮐도르프 전투에서 사촌 프리드리히를 최종적으로 제압한 후 루트비히는 프리드리히의 양보를 얻어 내 단독 독일 왕으로 황제에 올랐지만, 그의 앞길은 여전히 불투명했다. 프랑스 아비뇽에 머물던 요한 22세 교황(1316~1334 재위)이 여전히 루트비히의 신심을 문제 삼아 그를 인정하려 하지 않았기 때문이다. 교황은 당시 화두였던 예수님의 가난에 대한 프란치스코회의 가르침을 이단시했는데, 루트비히가 이 일로 교황을 비난하자 왕의 신분을 박탈하고 파

알프스를 넘는 신성로마제국 황제 신성로마제국 황제는 로마 대관식에 가는 길에 제국의 이탈리아 북부 도시를 순회하며 자기 영향력을 다졌다.

문하는 등 갈등이 폭발했다. 교리 논쟁의 이면에는 이탈리아에서 영향력을 확대하려는 루트비히와 이를 막으려는 교황과 프랑스 측과의 이해 충돌이 있었다. 이 논쟁은 움베르트 에코의 『장미의 이름』의 소재가 되기도 했다.

1327년, 루트비히는 로마로 떠난다. 신성로마제국 황제로 즉위하고 이탈리아 북부 지역에서 제국의 영향을 공고히 하기 위해서였다. 이탈리아 북부는 상공업이 발달하여 알프스 이북의 다른 지역 전체보다 더 많은 세금을 내는 알토란 같은 지역이어서 교회 권력과 세속 권력의 충돌 지점이었다. 그는 알프스의 골짜기를 지나며 이탈리아 원정이 무사히 끝나면 성모 마리아께 "들어 보지 못한 새로운 형태"의 수도원을 그 자리에 봉헌하겠다고 맹세한다. 교황의 거센 반대에도 불구하고 루트비히는 기어코 1328년 1월 성 베드로 대성당에서 주교들과 로마 시민 대표들 앞에서 황제 자리에 오른다. 맹세한 대로 1330년 돌아오는 길에 알프스 산골짜기에 베네딕도회 수도원을 설립했고, 그 후로 수도원이 들어선 곳은 맹세의 골짜기라는 뜻의 '에이트탈', '에탈'이라고 불리게 됐다.

들어 보지 못한 새로운 형태의 수도원

에탈 수도원은 황제가 죽은 뒤 40년 만에 완공됐는데, 그림에서 보듯이 당시로서는 보기 힘든 12각형 고딕 양식 성당이었다. 성모님께 한 약속을 충실히

에탈 수도원과 성모승천 성당(1619) 남쪽에서 바라본 모습으로, 외부에 손님의 집과 일반 신자들을 위한 성당이 보인다. 수도원 성당은 14세기 고딕 양식의 건축물로는 특이하게 12각형의 성당을 지었다.

지킨 셈이다. 게다가 1332년에는 베네딕도회 수도자들이 에탈에서 안정적으로 생활할 수 있도록 수도원이 암머가우 지역뿐 아니라 로이자흐 골짜기에 있는 본당들과 무르나우의 시장까지 관할하도록 했다. 또한 로마 가도의 군사적 중요성을 생각해 13명으로 구성된 기사수도회도 상주하도록 했다.

하지만 수도원의 규모와 위세가 크다고 한들, 에탈은 가파른 바위산으로 완전히 둘러싸인 골짜기였고, 지금과 달리 육로 교통이 여의찮아 거주민이 많지 않았다. 17세기까지만 해도 수도원 외에는 농부와 하인들이 사는 건물 두 채가 이 마을 전부였다. 특히 수도원을 1710년부터 바로크 양식으로 재건축했기에 수도원 초창기의 모습과는 사뭇 다르다.

> **루트비히가 베네딕도회를 적극 지원한 이유는 뭔가요?**
>
> 교황과의 갈등에서 자기편으로 생각했어. 실제로 황제 선거에서 퓌르스텐펠트브루크 베네딕도회 수도원에게 크게 신세를 졌지.

바로크 양식으로 탈바꿈한 에탈 수도원 난간이 있어야 할 자리에 동상이 세워져 있는 형태가 특이하다. 옛 종탑은 철거할 예정이었으나 세속화 정책으로 공사가 중단됐고, 수도원 성당이 교구 본당으로 쓰이면서 돔 양쪽의 종탑은 1853년, 1890~1907년 각각 다른 모습으로 공사가 마무리됐다. 1920년에 베네딕도 15세 교황이 준대성전으로 지정했다.

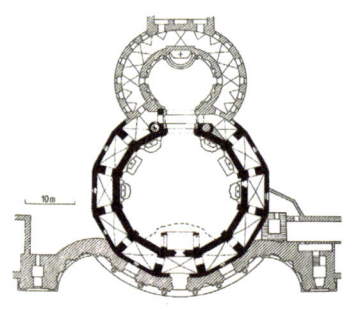

성당 평면도 1710년에 추칼리는 기존의 검은 색 고딕 양식 12각형 건물에 돔을 씌우고 음영 처리한 부분을 확장했다.

수도원 정문을 지나면 안뜰 너머로 거대한 수도원 성당이 펼쳐지는데, 뮌헨 궁정 건축가인 엔리코 추칼리의 작품으로 가까이 다가갈수록 2층 구조임이 확 드러난다. 추칼리는 기존 고딕 양식의 중앙 홀 위 고딕 늑골 궁륭 천장을 철거한 뒤, 지름 25미터, 높이 40미터의 거대한 돔을 씌웠다. 그리고 뒤로 그보다 작은 타원형 제대 공간을 만들어 수도자만의 생활 공간인 봉쇄 구역으로 이어지도록 했다. 성당 내부 입구와 어정쩡하게 남아 있는 옛 종탑에서 고딕 양식의 흔적이 보이지만, 성당 안에서는 그 변화를 여실히 체감할 수 있다.

성당 문을 여는 순간 천지개벽한 듯한 웅장한 내부 모습에 다시 놀란다. 늑

성모승천 성당의 중앙 홀(위), 고딕 양식의 내부 입구(좌), 바로크 양식의 파이프 오르간 갤러리(우) 구리 돔을 중심으로 12각형 벽면 중 10면에 높고 커다란 아치형 창을 낸 중앙 홀이 매우 환하다. 건축가 요제프 슈무처와 미장 감독 요한 게오르크 위블헤어가 내부 장식을 맡았다.

골이 아직 남아 있는 고딕 양식의 공간을 지나 소박한 팀파눔 아래 입구의 문을 여는 순간 천국으로 순간 이동한 것 같다. 잠시 성수로 성호를 긋고 고개를 드니 눈을 어디 둬야 할지 모를 정도로 화려하다. 바로크 양식의 원형 중앙 홀의 12각형 벽면에 있는 10개의 아치형 장미창으로 들어오는 햇빛이 공간을 환하게 밝히며, 성당 내부 벽과 기둥 곳곳의 흰 대리석과 곡선형으로 장식한 치장토, 금도금 장식으로 눈이 부시다. 뒤를 돌아보면 입구 양쪽에 두 쌍의 기둥 위로 오르간 갤러리가 있다. 난간이 로코코 양식의 치장 벽토로 멋들어지게 장식되어 있어서 파이프 오르간과 함께 하나의 우아한 로코코 가구처럼 보인다. 과연 내가 들어온 그 문이 맞나 싶다.

중앙의 주 제대 입구 양옆으로 크기가 같은 소제대가 마련되어 있다. 왼편으로는 발다치노가 있는 성 코르비니아노 제대를 중심으로 좌우로 사도 성 바오로 제대, 성 가타리나 제대가, 오른편으로는 성 베네딕도 제대를 중심으로 성 가정 제대와 성 세바스티아노 제대가 보인다.

무엇보다 1,300제곱미터가 넘는 거대하고 장엄한 돔 프레스코화가 에탈 베네딕도회 수도원의 영광을 드러낸다. 이 그림은 18세기 바로크 천장화의 백미 중 하나다. 제자리에 서서 최상단 71미터 높이의 천장 주변 프레스코화를 훑어보려면 고개가 아플 정도다. 주 제대를 정면에 두고 프레스코화를 살펴봐야 작가의 의도를 이해하기 쉽다.

탁 트인 하늘을 바라보는 듯한 대형 돔의 거대한 프레스코화는 요한 야코프 차일러가 1748년부터 1752년까지 단계별로 그렸다. 천국으로 들어가는 베네딕도 성인의 모습과 베네딕도 성인의 가르침을 따라 살았던 400여 명의 성인과 수도자, 세속 통치자들이 삼위일체 하느님을 찬미하는 모습을 묘사했다. 천국으로 들어가는 베네딕도 성인과 성부, 성자, 성령이 마름모꼴을 이루는 구도에서 이곳이 베네딕도회 수도원임을 다시 한번 느낄 수 있다. 왼쪽으로 녹색, 파란색, 회색의 수도자들이 보이는데, 성 베네딕도 수도 규칙을 따르는 카르투시오회, 시토회의 창립자와 수도자들이고, 그 반대편에는 성 스콜라스티카, 성 발부르가 등 여러 수녀원장이 묘사되어 있다.

에탈 수도원의 돔 프레스코화

돔 중앙에서 성부와 성자 사이로 하늘이 열리고 성령의 빛이 샹들리에를 타고 내려와 온 세상을 비추며, 그 주변으로 셀 수 없을 만큼 많은 이가 모여 하느님의 위대하심을 찬미하는 모습! 여기에는 우리를 포함해 이 성당에 들어와 있는 모든 이도 포함된다. 모두가 인생 여정의 목표를 살아 계신 하느님을 바라보고 그분께로 나아간다는 걸 깨닫고 묵상하게 하는 것이 천장화가 의도한 바가 아닐까.

에탈의 마돈나

18세기 초, 프랑스가 스페인 왕위를 계승하려 하자 유럽 열강이 프랑스 부르봉 왕가와 합스부르크 왕가 두 편으로 갈라진다. 바이에른은 프랑스와 손을 잡고 싸웠다. 1704년 4월, 뮌헨 인근 전투를 앞두고 바이에른 통치자는 다시 성모님께 국운을 맡긴다. 4월 12일 에탈 수도원에 있는 성모자상을 궁정 소성당에 모신 뒤 '9일기도'를 봉헌하도록 했고, 1705년 초까지 뮌헨과 바이에른 지역 성당들을 순회하도록 했다. 세계 100여 국가를 순회 방문하며 성모님의 메시지를 전하던 파티마의 순례 성모상도 이런 유럽의 전통을 따른 것이다.

에탈 수도원의 성모자상은 루트비히 황제가 1330년, 이탈리아 원정길에서 직접 가져온 것으로 '에탈의 마

성모승천 성당의 제단과 제대화 마르틴 크놀러는 제단부 가대석 천장 프레스코화를 1769년에 그렸지만, 성모승천을 주제로 하는 제단화는 제대가 완성된 시점인 1786년에 그렸다.

돈나'로 불린다. 제단부의 주 제대에 모셔져 있지만 크기가 작아 제대로 보이지 않으니, 제단 쪽으로 최대한 가까이 가자. 아기 예수가 성모 마리아 무릎에 서서 성모님과 사랑스러운 눈빛을 마주하면서 성모 왼뺨을 손으로 비비는 모습을 하고 있다.

화려하게 치장된 성모자상을 제외하고 제단부에서 치장 벽토가 보이지 않아 좀전의 화사함이 다소 사라졌다고 느낀다면 미적 감각이 남다른 이일 테다. 1770년, 바이에른 선제후는 성당 건축의 새로운 지침을 내렸다. 즉, 하느님의 집에 그때까지 유행이던 로코코 양식의 암석, 조개, 식물 모양의 곡선 장식을 금지하고, '소박하되 고상함'을 추구하도록 한 것이다. 지금 보는 공간이 그 결과물로, 후기 바로크 양식에 네오고딕 양식이 가미됐다.

제단 천장 프레스코화와 성모승천을 그린 제단화는 한 화가가 시기를 두고 따로 그린 작품이지만, 천장화에 있는 삼위일체 하느님이 구약과 신약의 천사 및 성인들과 함께 아래 제단화의 성모님 승천을 맞이하는 모습으로 통일성을 갖췄다. 주 제대는 원래 이그나츠 귄터 Ignaz Günther가 1772년 후기 바로크 양식으로 디자인했으나 세상을 떠나는 바람에 직접 실현하지 못했다. 다행히 친구인 마르틴 크놀러가 두 벽면 기둥과 제대 윗부분의 화려한 천사들의 무리를 살리되 고전주의적으로 해석하여 이 주 제대는 바이에른 최초의 네오고딕 장식 중 하나가 됐다. 크놀러는 1786년에 제대화를 완성하면서 제단부의 화룡점정을 찍었다.

사실 에탈 수도원은 베네딕도회 수도원 중 조금 특이한 곳이다. 옛 바이에른에서 최대 관할 구역을 지닌 수

에탈의 마돈나 14세기 초 이탈리아 피사의 공방에서 만든 33cm 크기의 성모자상으로 원래 채색되어 있었다. 왕관과 망토는 17세기 것이다.

도원으로 꼽히지만, 우리가 지나온 베네딕트보이에른 수도원에 비해 17세기 말까지 이렇다 할 위상을 차지하지 못했고, 수도 공동체 규모도 크지 않았다. 설립 초기에 황제가 파문당해 교회의 인정을 받지 못했기 때문이다. 1389년에야 비로소 아빠스로서 인정받고 반지와 목장牧杖을 받았으니 말이다. 또 종교개혁의 여파가 끝날 무렵 1653년부터 베네딕도 연합회로 활동하기 시작했지만, 제후와의 오랜 유대 때문에 언제나 거리를 두었다. 1684년, 인노첸시오 11세 교황에 의해 창립된 바이에른 베네딕도회 연합회에 200년 넘게 참여하지 않은 이유도 아마 그 때문인지도 모른다. 하지만 그런 정치적 상황이 성모자상에 대한 사랑을 막지 못했다. 어머니와 아들의 가장 사랑스러운 모습을 형상화한 이 작은 성모자상 덕분에 에탈 수도원은 성모 순례지로 부상했고, 1709년, 플라치두스 자이츠 아빠스 재임 시기부터 지금까지 본 화려하고 웅장한 모습의 수도원으로 거듭날 수 있었다.

1790년이 되어서야 성당 전체를 사용하기 시작했는데, 그때는 아직 외부의 처마 장식과 두 종탑은 완성되지 않았을 때였다. 그런데 이런 멋진 공간에서 하느님을 찬미하는 시간은 오래가지 않았다. 1803년, 세속화로

에탈 수도원 맥주 양조장과 비어가르텐 최근 베네딕도회 레시피에 따라 양조한 밀맥주 '베네딕티너'를 전국에 공급하고 있다.

루트비히 데어 바이어 호텔 수도원 바로 맞은편에 4성급 수도원 호텔과 레스토랑, 장기 투숙객을 위한 여름 빌라들이 있다.
📍 Kaiser-Ludwig-Platz 10-12 82488 Ettal
🌐 klosterhotel-ettal.de

인해 수도원은 폐쇄되었고, 성직수사 26명과 평수사 2명, 신학교 학생들은 수도원을 떠나야 했다. 1822년에는 수도원의 상당 부분이 철거되어 민간에 매각됐다. 1898년, 부유한 사업가가 수도원 시설을 매입해 샤이에른 Scheyern 수도원에 넘겨주면서 다시 에탈에 성직수사 4명과 평수사 8명으로 이루어진 수도 공동체가 정착하여 현재까지 이르고 있다.

에탈 수도원 김나지움 옛 기사 학원의 전통을 이어 기숙학교를 갖춘 인본주의적인 김나지움 고등학교가 1905년에 설립되어 정계, 학계뿐 아니라 예술, 체육 등 여러 분야에 인재를 골고루 배출하는 명문으로 자리 잡았다. 2023년부터는 통학생만 받고 있다.

에탈 수도원도 다른 수도원처럼 수도자의 부족으로 어려움을 겪고 있지만, 예수 수난극으로 유명해진 인근의 오버암머가우, 세계 문화유산인 아름다운 로코코 양식의 비스 성당 Wieskirche 을 찾는 사람들이 지나가며 반드시 들르는 아름다운 하느님의 집으로 꼽힌다. 물론, 여기에는 암어가우 알프스의 맑은 물과 풍부한 수원으로 1609년부터 양조해 온 에탈 수도원의 맥주와 리큐어도 한몫한다는 사실, 순례자들만이 아는 팁이다.

에탈 베네딕도회 수도원 전례
주일 7:30, 10:30 미사, 18:00 저녁기도(성체강복)
평일 6:00 미사(월·수·금), 6:45 미사(토), 18:00 저녁기도, 19:30 미사(화·목)
🌐 www.kloster-ettal.de

하느님의 은총을 체험하는 시공간

암머가우 지역 명소 안내도 에탈 수도원에서 오버암머가우까지 차로 10분, 비스 순례 성당까지 차로 30분 거리이다. 퓌센 노이슈반슈타인성을 간다면 잠시 들러 순례하기 좋은 곳이다.

◇ 뮌헨 → 에탈 → 오버암머가우 → 비스: 자동차 1시간 40분

오버암머가우의 뤼프틀 벽화 티롤과 바이에른 지방의 전통적인 벽화로 마을의 벽화는 페스트와 사투를 벌이는 중에 예수 수난극을 봉헌하겠다는 서약을 나타낸다.

오버암머가우 수난극 전용 극장(위) 5시간 30분 동안 공연한다. 제43회 수난극은 2030년 예정되어 있다.
오버암머가우 목각 공예품점(아래) 오버암머가우는 중세부터 목각 공예의 마을로도 유명했다. 십자고상, 성상뿐 아니라 성탄 구유 등 다양한 목각 공예품이 있다.

예수 수난극의 마을 오버암머가우

에탈 수도원에서 차로 10분 거리에 프레스코 벽화가 아름다운 산골 마을 오버암머가우가 있다. 10년마다 마을 주민 이천 명 이상이 참여해 그리스도의 수난을 재현하는 예수 수난극으로 유명한 곳이다. 1663년, 페스트가 창궐하자 주민들은 하느님께 페스트에서 살아남으면 10년마다 한 번씩 그리스도의 수난을 기념하는 마을 제전을 봉헌하겠다며 간곡히 애원한다. 이 기도가 통했는지 더 이상 피해가 없었다. 마을 주민들은 그 다음 해인 1634년부터 들판에서 그리스도의 수난극을 재현했고, 1680년부터는 10년 주기로 수난극을 재현하고 있다.

예수상의 기적 성지 비스 순례 성당

알프스산맥 기슭 마을의 소박한 성지로, 매년 100만 명이 넘는 순례자와 관광객이 찾는 곳이다. 1730년 인근 프레몬트레회 슈타인가덴 수도원의 두 수도자는 성금요일 행렬을 위해 쇠사슬에 묶여 채찍을 맞는 예수 목각상을 만들었다. 행사 후 성상은 어느 여관 다락방에 방치됐고, 곧 사람들의 기억에서 사라졌다. 그로부터 8년 뒤 비스에 사는 마리아 로리라는 농부의 아내가 이 성상을 발견하고 자기 침실에 모셨는데 그 후 기적이 일어났다. 1738년 6월 14일, 예수상의 눈에서 눈물이 흘러내린 것이다. 입소문이 퍼지면서 순례자들이 몰려들었고, 1754년에 알프스가 보이는 넓은 비스 초원에 순례 성당이 탄생했다.

주 제단의 예수상 성당 초석을 놓은 지 3년째인 1749년 8월 31일, 쇠사슬에 묶인 기적의 예수상을 모셨다.

겨울의 비스 순례 성당 1754년 바로크의 대가 도미니쿠스 치머만이 설계·건축했고, 형인 요한 밥티스트 치머만이 천장 프레스코화를 그렸다. 천장화는 조개껍데기 모양을 한 화려한 장식으로 둘러싸여 있는데, 하느님의 자비와 예수님을 통해 얻은 세계 평화, 그리스도 왕 재림을 나타낸다.

비스 순례 성당 천장 프레스코화

추크슈피체 아래서 만나는 하느님과 나

가르미슈파르텐키르헨은 독일 알프스의 정취를 가장 잘 느낄 수 있는 곳이자, 알프스의 정점에서 고요한 은총의 공간을 만날 수 있는 곳이다. 만년설의 산봉우리, 깊은 협곡을 지나는 하이킹 루트들이 자연이 들려주는 묵상의 언어로 여행자에게 깊은 평화와 감동을 선사한다. 겨울에는 그 길이 스키 슬로프로 변신해 겨울 스포츠를 즐기는 모두에게 잊지 못할 경험을 선사한다.

독일 최고봉 추크슈피체(2,962m) 기슭의 가르미슈파르텐키르헨 1936년 동계올림픽을 앞두고 '가르미슈'(뒤)와 '파르텐키르헨'(앞)이 합병하여 한 도시가 되었다. 티롤에서 발원하는 로이자흐강과 베터슈타인산맥에서 발원하는 파르트나흐강이 합류하는 넓은 계곡 분지에 위치해서 로마 시대부터 교통의 요충지였다.

뮌헨 → 가르미슈파르텐키르헨: 자동차(A95) 1시간
기차(인스브루크행 ICE, RB) 1시간~1시간 30분

추크슈피체 정상의 뮌헨하우스 여름에도 만년설을 볼 수 있으며, 맑은 날이면 독일, 오스트리아, 이탈리아, 스위스 4개국이 한눈에 들어온다.

추크슈피체 산악 열차 추크슈피체 정상까지 케이블카나 톱니바퀴 산악 열차로 오를 수 있다. 가르미슈파르텐키르헨에서 출발하여 아입호 등 여러 역을 거쳐 산 정상까지 올라간다. www.zugspitze.de

아입호Eibsee 추크슈피체 북쪽 기슭에 있는 산정 호수로 '바이에른의 진주'라 불릴 만큼 맑고 아름답다. 호수 둘레에 7.5km의 산책로가 나 있다.

에크바우어Eckbauer **등산로와 파르트나흐 협곡**Partnachklamm 에크바우어(1237m)를 올라갔다가 내려오는 등산로에 깊은 협곡 바위틈 사이로 700m의 길이 나 있다. 겨울에는 에크바우어까지 곤돌라로 올라가서 스키를 타고 내려올 수 있다.

파르텐키르헨 지구의 루트비히 거리
파르텐키르헨은 고대 로마 도로 '비아 클라우디아 아우구스타'Via Claudia Augusta를 따라 형성된 유서 깊은 지역으로 루트비히 거리의 그림 같은 벽화 건물과 옛 호텔이 그 역사를 말해 준다.

모든 여행에는 여행자가

미처 예상하지 못하는

숨은 목적지가 있습니다.

독일 작가 마르틴 부버(1878~1965)

D5
가정 성화의 모범을 찾아

#성빌리발도 #성리카르도 #성비니발도 #성발부르가
#아이히슈테트 #알트뮐 #성인가족성지
#아이히슈테트대성당 #장크트발부르크수녀원 #슈츠엥겔성당
#샤이에른 #성십자가 #바이에른연합회

젊음으로 가득 찬 가톨릭 도시

이 장에서 소개하는 순례지는 뮌헨과 뉘른베르크의 중간쯤에 위치한 국립공원 알트뮐Altmühl 계곡에 있는 작은 도시 아이히슈테트Eichstätt다. 지형상 남부 프랑켄 고원의 낮은 협곡 지대에 있어 도시 전체가 아침저녁으로 안개 속에 파묻힐 때가 많다. 그 덕에 제2차 세계대전 때 폭격을 면해 중세의 고풍스러움을 고스란히 간직할 수 있었다.

아이히슈테트가 세상의 이목을 끈 건 전혀 다른 계기에서였다. 1882년, 이 근처 채석장에서 1억 5천만 년 전 쥐라기의 시조새 화석이 발견된다. 깃털 자국까지 선명하게 남아서 공룡의 특징과 새의 특징을 동시에 보여 주는 진화론의 중요한 근거였기에 과학계는 크게 흥분했다.

아이히슈테트에는 선사 시대부터 사람이 정착한 흔적이 있다. 기원전 5세기에 현재 대성당 근처에 켈트족이 작은 정착촌을 이루고 살았다. 아이히슈테트란 이름도 이곳에 '굴밤나무'가 많아서 생긴 이름이다.

아무런 정보 없이 '아이히슈테트' 기차역에 내리면 당황할지도 모르겠다. 정작 아이히슈테트 중심지는 역에서 5킬로미터 떨어진 저지대에 있어서 역 주변은 황량하다. 다시 '아이히슈테트 슈타트' 기차역을 오가는 파

빌리발트성과 쥐라 박물관 18세기까지 아이히슈테트 제후 주교의 성이었다. 현재 쥐라기 자연사박물관으로 쓰고 있으며, 교구 신학교의 과학교육용 소장품이 기초가 됐다.

알트뮐 계곡의 아이히슈테트 낮은 산지를 굽이쳐 흐르는 알트뮐강을 끼고 도시가 자리 잡고 있다. 오른편 산등성이의 빌리발트성 너머에 장거리 열차가 정차하는 '아이히슈테트 역'이 있다.

란색 셔틀 열차로 갈아타야 한다.

교통이 불편한 곳이지만 도시는 젊음으로 가득 차 있다. 독일권 국가에서 유일한 가톨릭 종합대학교이자 독일에서 가장 큰 사립대학교인 아이히슈테트-잉골슈타트 가톨릭 대학교가 여기 있다. 학생 수는 5천 명 남짓으로 비교적 작은 대학교지만, 아이히슈테트의 인구가 14,000명 정도이니 학

아이히슈테트 역 장거리 일반열차(빨간색)가 선다. 시내로 가려면 셔틀 열차인 바이에른 레기오반(파란색)으로 환승해야 한다.

> **아이히슈테트로 가는 법**
> 매시간 뮌헨(1시간 30분 소요), 잉골슈타트(25분 소요), 두 시간 간격으로 뉘른베르크(1시간 20분 소요)에서 아이히슈테트 역으로 출발하는 기차가 있다.
> 이이히슈테트역과 아이히슈테트 슈타트 역은 5km 떨어져 있다. 두 역 사이에는 바이에른 레기오반이 매시간 다닌다.

생과 교직원들이 도시의 주역인 셈이다.

무엇보다 아이히슈테트시가 속한 아이히슈테트 교구는 신앙의 모범이 되는 교구다. 독일 27개 교구 중 작은 교구에 속하지만, 주민의 35퍼센트 이상이 가톨릭 신자다. 아이히슈테트시의 경우 70퍼센트가 넘어서 코로나 대유행 이전에는 미사 참례율이 50퍼센트를 넘었고, 2023년도 교구의 첫영성체자 수도 3천 명에 육박했다. 독일 교회가 노쇠해지고 위기라고 해도 아이히슈테트 교구만은 아직 신앙이 가족의 중심에 서 있는 듯하다. 그 원동력은 무엇일까?

1300여 년 전에 뿌린 가족 성화의 겨자씨

아이히슈테트 슈타트 역 광장에서 나와 알트뮐강을 건너면 바로 도심이다. 돌로 포장된 도로가 도시에 고풍스러움을 더해 준다. 슈피탈교에서 바라보는 좌우로 펼쳐진 강가의 모습은 평화롭기 그지없다.

정면으로는 아이히슈테트 주교좌 대성당 첨탑이 서서히 보인다. 이곳의 첫 순례지인 구세주와 성모 마리아, 아이히슈테트 초대 교구장인 성 빌리발도에 봉헌된 성당이다. 이곳에 성인의 유해가 모셔져 있다.

'독일의 사도'로 추앙받는 성 보니파시오는 조카이자 제자인 빌리발도(700~786)를 741/742년 주교로 서품한 뒤, 이곳으로 파견한다. 당시 이 지역은 조그마한 성모 소성당 외에는 집다운 집이 없었다. 빌리발도는 이곳에 보니파시오의 지시대로 수도자들이 살며 복음을 전할 수도원과 폭 12미터의 석조 성당을 세웠고, 이것이 사실상 아이히슈테트 도시 및 교구의 시작이었다. 2045년이면 교구 설립 1300주년을 맞이한다.

물론 지금 보이는 대성당이 빌리발도가 지은 성당은 아니다. 옛 성당은 헝가리 침입 때 수도원과 함께 파괴됐다. 11세기에 동쪽 가대에 지하 성당이 있는 곳에 초기 로마네스크 양식의 성당을 지은 후 시대를 거치며 증개축했다. 1396년 무렵에 가로 98미터, 폭 38.5미터의 고딕·바로크·로코코 양식 모두를 갖춘 현재 모습의 대성당으로 거듭났다.

대성당 중앙문을 들어서면, 스테인드글라스로 들어오는 빛이 성당 내부 공간을 따사롭게 감싼다. 주 제단 중앙에는

① 슈피탈교에서 바라본 알트뮐강 변 ② 아이히슈테트 주교좌 대성당 ③ 대성당 서쪽 중앙문

대성당 주 제대 날개 제대 중앙에는 성모 마리아와 교구의 수호성인들 조각상이 있고, 양쪽 날개에는 '예수 그리스도의 수난사'를 묘사한 부조물들로 장식되어 있다.

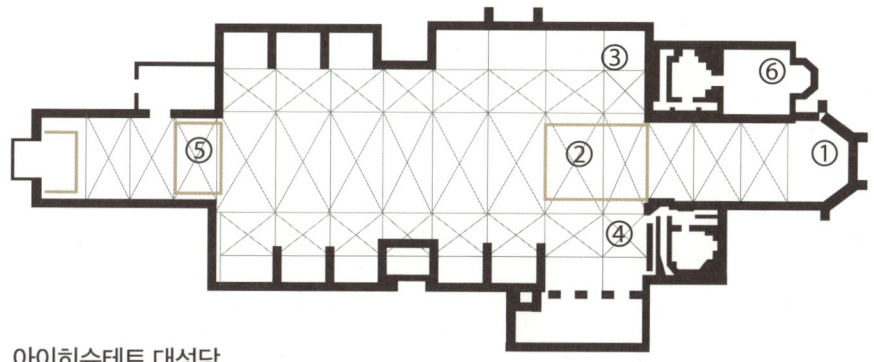

아이히슈테트 대성당
① 주 제대 ④ 성 라우렌시오 제대
② 십자가 제대 ⑤ 성 빌리발도 제대
③ 파펜하임 제대 ⑥ 의전사제단 소성당

1480년에 제작한 '날개 제대'가 자리 잡고 있다. 이런 형태의 제대는 1300년대부터 중부 유럽 성당에서 다양한 형태로 발전했는데, 기본적으로 전례 시기에 따라 날개처럼 여닫이문을 닫았다가 펼치게 되어 있다.

날개 제대에는 성모자상을 중심으로 아이히슈테트 교구의 수호성인상이 서 있는데, 가만히 살펴보면 아까 성당 들어오기 전 현관 위에도 이런 석상들이 서 있었던 것 같다. 왼편은 초대 교구장인 성 빌리발도, 그의 아버지 순례자 성 리카르도, 오른편은 여동생 성 발부르가, 남동생인 성 비니발도다. 다른 이름은 낯설겠지만, 발부르가는 한번쯤은 들어 봤을지 모르겠다. 유럽 곳곳에 성인에게 봉헌된 성당이 많고, 괴테의 『파우스트』를 통해 우리에게 마녀들의 축제로 알려진 '발푸르기스의 밤' 명칭도 성인 이름에서 유래했다. 게르만족의 봄 축제가 중세 성인 기념일이었던 5월 1일과 시기적으로 맞아떨어져 붙은 이름일 뿐 성인과는 직접적 관계가 없지만, 그만큼 중세에는 친숙한 성인이었다. 아이히슈테트가 가족 성지로 유럽인들에게 사랑받고 있는 이

발푸르기스의 밤 독일 등 유럽 중·북부 지역의 봄 축제로 우리 정월대보름의 달집태우기와 비슷하다. 마녀를 불태운다는 의미로 장작불을 지피며 축제를 벌인다.

성 빌리발도 제대의 성 빌리발도 석상(좌), 성 빌리발도 제대에서 바라본 주 제대(우) 성 빌리발도 석상은 독일에서 르네상스 대가로 꼽히는 로이 헤링이 1514년에 조각했다. 교구 창립 천 주년인 1745년 성 빌리발도 제대에 성인의 유해를 안치했다.

유가 바로 여기서 드러난다. 초대 교구장 성 빌리발도 주교의 가족 대부분이 성인품에 올랐기 때문이다.

　고개를 돌려 보면, 본랑 서쪽 주 제단 맞은편인 동쪽에도 계단 위에 성 빌리발도 제단이 있다. 우리나라에서 볼 수 없는 이중 가대 구조이다. 이런 형태는 마인츠 대성당에서도 볼 수 있는데, 한때 동쪽 제단은 대성당의 후원자인 황제나 왕의 세속 권력을, 서쪽 제단은 주교의 신성 권력을 상징한다고 해석했다. 하지만 제후 주교의 의전사제단 대성당이나 독립적인 베네딕도회 수도원 성당 어디에도 적절하지 않은 설명이다. 게다가 서쪽 제단은 교구장 주교가, 동쪽 제단은 대성당 주임신부가 주례할 때 사용했기에 요즘은 어떤 장엄한 전례를 위한 장치로 본다.

　대성당에서 눈여겨볼 제대가 하나 더 있다. 조금 외진 곳에 있는 파펜하임 제대다. 1495년경 대성당 의전사제인 카스파르 마르샬크 폰 파펜하임이 기증한 제대로 원래는 독립된 소성당의 제대였다. 제대 부조의 주제는 그리스도의 십자가 죽음이다. 십자가 아래로 수많은 인물이 보이고 뒤로는 도시가 있는데, 실제 예루살렘이 아니라 당시 베네치아와 뉘른베르크의 궁을 모티프 삼아 바위 돔과 성묘 성당을 묘사했다. 성 빌리발도 제단의 조각과는 또 다른 섬세한 손길이 놀라울 따름이다.

아이히슈테트 대성당의 문은 한동안 굳게 닫혀 있었다. 오랜 세월의 풍파에 손상된 시설을 고치고, 코로나 팬데믹 이후 시대정신에 맞게 내부를 개축해야 했기 때문이다. 특히 네오고딕 양식의 차가운 공간을 밝고 따뜻하게 만들고, 교통약자의 접근을 개선할 필요성도 있었다. 5년 간의 공사 기간 중 미사는 대학 성당인 수호천사Schutzengel 성당에서 드렸다.

2024년 10월 20일, 5년 만에 대성당에서 봉헌된 성전 개축 감사 미사의 주역은 아이들이었다. 성인 가족을 통해 아이히슈테트의 신앙이 자라났기에 앞으로도 교구의 미래는 신앙 자녀들인 아이들의 성화에 달려 있기 때문이다. 성당이 과거를 보는 건축물에서 미래를 여는 공간이 되는 순간이었다.

아이히슈테트 대성당 미사
주일과 대축일 9:30(대성당 참사회 미사), 11:00(가족 미사), 19:00(토)
평일 9:00(월~토), 19:00(목)

수호천사 성당 미사
주일 7:30, 19:00 미사
평일 7:00 미사(월~토)

아이히슈테트 교구 박물관
10:30~17:00(수~일)
4월~10월 도심과 대성당 투어가 있다.
📍 Residenzplatz 7, D-85072 Eichstätt

파펜하임 제대(1495년 무렵) 제대를 제외하고 높이 9.5m, 너비 2m의 거대한 부조로 알트뮐 골짜기에서 채석한 석회암으로 제작했다.

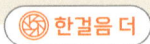

도시의 활력소
"아이히슈테트-잉골슈타트 가톨릭 대학교"

아이히슈테트-잉골슈타트 가톨릭 대학교 본관

대성당을 나와 오른쪽으로 잠시 걸으면 곧 아이히슈테트-잉골슈타트 가톨릭 대학교의 슈츠엥겔 성당과 신학대학 건물이 보인다.

아이히슈테트-잉골슈타트 가톨릭 대학교의 역사는 트리엔트공의회 이후 1564년 독일 최초의 신학교로 개교한 '빌리발트 신학교'로 거슬러 올라간다.

현재의 종합대학은 1972년 신학 및 철학 대학이 아이히슈테트 교육대학과 먼저 통합하고, 1980년 대학 전체가 잉골슈타트 대학과 통합하며 설립되었다. 설립 과정에서 뮌헨·프라이징 대교구의 교구장인 요제프 라칭거 추기경이 큰 역할을 했다. 지금도 재정의 일정 부분을 바이에른 가톨릭 재단이 맡고 있으며, 신학대학은 아이히슈테트 교구 신학교로 기능한다. 신학, 교육학, 사회학 분야는 유럽에서도 명문 학과로 인정받고 있다.

현재 대학 성당으로 쓰고 있는 슈츠엥겔 성당은 뮌헨의 장크트 미하엘 성당과 딜링겐 신학원 성당에 이어 독일 예수회가 세운 세 번째 성당이다. 요한 크리스포트 폰 베스터슈테텐 제후 주교는 가톨릭 개혁의 일환으로 1614년 신생 선교 수도회인 예수회를 불러들여, 1617년에서 1620년 사이에 지금의 레온로트 광장에 원통형 성당을 지었다. 30년전쟁 중 스웨덴군에 의해 빌리발트 신학교의 후속인 예수회 신학교와 함께 파괴됐지만, 1661년과 1717년 두 번의 증개축을 통해 지금 모습으로 단장했다.

슈츠엥겔 성당 주 제대 장식, 천장 프레스코화 등 성당 전체가 '구원사에서 수호천사의 역할'이란 가르침을 전하는 공간으로 이루어져 있다.

게르만족 선교에 나선 외삼촌과 조카들

그런데 어떻게 가족 전체가 성인품에 올랐을까? 빌리발도 성인과 그 가족 성인이 어떤 삶을 살았는지 알 수 있는 건 하이덴하임Heidenheim 수도원의 히지버그 수녀가 남긴 『성 빌리발도의 전기』 덕분이다. 그녀는 웨섹스 귀족 출신으로 성인들의 친척으로 알려져 있는데, 778년에 빌리발도가 하이덴하임 수도원을 방문했을 때 자기가 살아온 삶을 들려준 것을 꼼꼼히 기록했다.

빌리발도는 700년 무렵 웨섹스의 어느 귀족 가문의 장자로 태어났다. 전기에 아버지 이름은 나오지 않는다. 그의 이름이 알려진 것은 몇백 년 뒤인 12세기다. 빌리발도는 청소년 시기 대부분을 영국 윌섬 수도원에서 보냈다. 720년, 수도원에서 돌아온 그는 동생 비니발도와 함께 아버지에게 로마와 성지 예루살렘을 순례하자고 조른다. 그리스도교 신자로서 평생 소원이고, 재작년 로마로 순례를 떠난 외삼촌 보니파시오를 뒤따르고 싶었는지도 모른다. 아버지는 쉽게 결정할 수 없었다. 언제 어디서 죽을지도 모르는 순례에 나선다는 것은 세속의 모든 재산을 포기한다는 전제가 있어야 했다. 그러나 그는 두 아들의 청을 물리칠 수 없었고, 마침내 그해 초여름 오늘날 영국 사우샘프턴 항구를 출발한다.

세 부자는 영국해협을 건너 센강을 거슬러 루앙을 거쳐 파리에 도착했다. 거기서부터 도보로 프랑스를 지나 험준한 알프스를 무사히 넘긴 했지만,

『성 빌리발도의 전기』(778)(위)와 빌리발도의 삶을 기록한 필사본(MS Clm 1086)(아래) 히지버그 수녀는 빌리발도의 전기에서 순례 여정을 여행 기록문서처럼 자세히 기록했다.

11세기 『풀다 성사집』의 성 보니파시오 게르만족 선교와 순교(Msc.Lit.1 126v) 윈프리드는 719년 로마 순례 중 그레고리오 2세 교황으로부터 보니파시오란 새 이름을 받으며 "믿지 않는 이들에게 신앙의 신비를 알리라"는 사명을 부여받았다.

다들 쇠약해 병에 걸렸고 아버지는 그만 이탈리아 루카 근처에서 하느님의 부르심을 받아 세상을 떠나고 만다. 다행히 기력을 회복한 두 아들은 아버지를 산 프레디아노 성당에 프리그디아노 성인 곁에 모시고는 순례를 계속해, 720년 11월 11일 성 마르티노 축일에 로마에 도착했다.

비니발도는 로마에 남고, 빌리발도는 순례를 이어 갔다. 723년 초 시칠리아를 거쳐 예루살렘으로 가서 4년을 지낸 뒤, 콘스탄티노폴리스에서 2년의 은수 생활을 거쳐 729년에 이탈리아로 돌아왔다. 그 뒤 무너진 몬테카시노 수도원에 들어가 수도원 재건에 힘썼다. 체력이 약해 형을 따라가지 못했던 비니발도는 로마에 남아서 신학을 공부한 뒤 수도승이 됐다. 그는 727년부터 잉글랜드에서 지원자를 모아서 730년에 로마로 돌아와 수도 공동체를 꾸려 살았다.

737년 무렵 로마를 방문하며, 보니파시오 주교는 조카 비니발도에게 바이에른과 튀링겐 지역의 선교를 도와달라고 한다. 738년 비니발도는 독일로 떠나, 이듬해 튀링겐 쥘첸브뤼켄에서 보니파시오 주교에게 사제품을 받은 뒤, 오늘날의 에르푸르트를 포함해 일곱 개 본당에서 먼저 선교 활동을 펼친다. 744년부터 그는 보니파시오 주교가 관할하던 오버팔츠 지방과 마인츠 지역으로 가서 선교사로 활동했다.

739년 빌리발도가 아빠스를 따라 로마에 갔을 때, 그레고리오 3세 교황은 개인 알현에서 그에게 독일로 가서 보니파시오 주교를 도우라고 명한다. 이듬해 빌리발도도 외삼촌에게 가서 740년에 사제품을 받고, 741년경에 동생이 활동하던 곳에서 주교로 서품된 후 바이에른 지방 복음화에 앞장섰다.

형제가 다시 합친 건 751년이었다. 빌리발도 주교는 751년 하이덴하임에 선교 목적의 개인 수도원을 설립하고 독일 서부에서 활동하던 동생 비니발도를 불러들여 초대 원장으로 임명한다. 비니발도 수도원장은 10년간 주변의 이교도인 하넨캄 주민들을 복음화하는 데 힘썼다. 761년, 오랜 지병으로 기후가 온화한 이탈리아로 가서 몬테카시노 수도원에 입회하기로 했지만, 그러지 못하고 그해 12월 18일 형이 지켜보는 자리에서 임종했다.

777년 9월 24일, 빌리발도는 새로 세운 수도원 성당을 봉헌하면서 동생 비니발도의 유해를 제단에 안치한다. 유해를 발굴해 성대하게 제단까지 운반해 모시는 전례를 '트란슬라시오' translatio라고 하는데, 당시로서는 일종의 시성식이었다. 이로써 가족 중 첫 성인이 탄생한 것이다.

하이덴하임 베네딕도회 수도원과 수도원 성당의 성 비니발도 무덤 751년에 빌리발도 주교가 세운 개인 수도원이다. 중세 왕이나 귀족이 후원자로서 자기 땅에 직접 설립한 개인 교회나 개인 수도원은 소유권이 교구가 아니라 세속 권력자나 도시에 있었다.

비니발도의 뒤를 이은 건 여동생 발부르가였다. 빌리발도 주교는 비니발도가 세상을 떠나자, 여동생 발부르가를 하이덴하임 수도원의 원장으로 임명했다. 아버지와 오빠들은 순례를 떠날 때 열한 살이었던 발부르가를 웨섹스 귀족의 딸들이 교육받던 윔번 베네딕도회 수도원에 맡겼다. 발부르가는 선교사로

루벤스의 「성 발부르가의 기적」 성 발부르가가 30여 명의 수녀와 북해를 건널 때, 폭풍우로 배가 조난했지만, 성인의 기도 덕분에 앤트워프 항구에 안전하게 도착했다고 한다. 성인은 선원들의 수호성인으로 꼽힌다.

살아갈 준비를 마친 뒤 독일로 건너와 친척인 성 리오바가 원장으로 있던 타우버비쇼프스하임 수녀원에 있다가 큰오빠의 부름을 받은 것이다.

발부르가 수도원장은 기존 수도원에 수녀원을 추가로 설립해 대륙 최초의 '이중 수도원'을 만든다. 남녀 수도자가 한 수도원 아래 철저히 분리되어 생활하며 한 원장을 따르는 수도 공동체 형태로 영국에서 인기가 높았다. 윔번 수도원도 이중 수도원이었다.

발부르가 수도원장은 788년 무렵 세상을 떠날 때까지 중세 남성 중심의 사회에서 거의 30년 동안 수도원을 탁월하게 이끌며 지역 사회의 선교와 교육을 담당했

> **성 리오바는 누구?**
>
> 8세기 초 영국 잉글랜드 웨섹스 귀족 가문 출신으로 어머니 에바가 성 보니파시오의 친척이었어.
> 보니파시오 주교가 선교 활동 하던 프랑켄 지방 타우버비쇼프스하임 베네딕도회 수녀원장으로 있었어. 교부들의 가르침과 다양한 학문 및 신학에 정통했다고 해.

다. 하지만 세상을 뜬 뒤 성인은 사람들의 기억에서 서서히 사라졌다. 카롤루스 왕조의 수도원 개혁 과정에서 여성 수도자에게 더 엄격한 봉쇄 생활이 요구되면서 그녀가 설립한 이중 수도원 형태는 와해하여 남자 수도회만 남게 된다. 그 과정에서 베네딕도 수도회도 의전사제단 공동체로 바뀌면서 기억해 줄 이들이 사라진 것이다.

그런데 870년에 의전사제단 성당을 신축하면서 성인의 무덤이 발견된다. 공사장 인부가 불경스럽게 무덤을 훼손해서 재앙이 내렸다는 소문이 돌면서, 아이히슈테트의 오트거 주교는 성인의 유해를 아이히슈테트 북쪽에 있는 소성당으로

하이덴하임 의전사제단 수도원 성당 787년 빌리발도 주교가 노환으로 세상을 뜬 뒤, 의전사제단 수도원으로 바뀌었다. 뒤에 보이는 것이 발부르가 성인 무덤이다.

옮겨 제단에 안치한다. 그때부터 그 소성당은 장크트 발부르크 성당으로 불리게 됐다. 그로부터 백여 년 뒤 989년 4월 22일, 레기놀트 주교는 초대 교구장인 빌리발도 주교의 유해를 대성당 서쪽 카타콤바에 모시며 빌리발도 주교를 성인품에 올린다. 두 번째, 세 번째 성인은 이렇게 탄생했다.

그럼, 아버지인 리카르도는 어떻게 시성이 됐을까? 1150년, 하이덴하임 수도원 의전사제 일숭을 포함한 아이히슈테트 교구 대표단이 이탈리아 루카에 가서 성인들의 아버지 무덤을 찾아냈다. 그제야 루카 시민은 산 프레디아노 성당 안에 있던 익명의 무덤 주인이 누군지 알게 됐다. 루카 시민은 순례자의 진정한 가치를 깨닫고는 교황의 인가를 받아 2월 7일에 유해를 성당 주 제단에 모셨다. 이때 대표단이 성해 일부를 가져와 아이히슈테트의 오팅 성당에 모셨다.

리카르도 성인은 순례자였을 뿐, 구체적으로 어떤 삶을 살았는지는 알 수 없다. '잉글랜드 왕', '슈바벤의 공작'으로 귀한 신분에 가난한 이들을 보살피고

이탈리아 루카의 산 프레디아노 성당과 성당 안 성 리카르도 무덤 성 프리그디아노는 아일랜드 왕자로 540년 로마 순례 후 피사노산에서 은수 생활을 했다. 560년에 루카의 주교로 임명돼 많은 기적을 일으켰다고 한다.

병자들을 치유했다는 설명은 후대에 덧붙여진 설명이다. 시성이 된 것은 성인이 된 자녀들 덕분이라 생각할 수도 있지만, 중세인들이 순례, 순례자를 얼마나 중요시했는지 잘 드러내는 반증이다.

천년의 전통이 이어져 온 베네딕도회 수녀원

가족 성지인 아이히슈테트를 순례하는 이들 중 특히 몸이 아픈 이들은 성 발부르가의 유해가 모셔진 장크트 발부르크 베네딕도회 수녀원^{Abtei St.Walburg}을 지나치지 않는다. 성인을 찾아온 순례자들에게 많은 치유의 기적이 일어난 곳이기 때문이다. 수녀원은 도시 성벽 비탈길에 있다. 대성당을 나와 다리 왼편으로 뻗은 길을 따라 걸으면 된다. 세 갈래 길에 있는 조그만 분수를 지나면, 곧 오른편에 성 발부르가 동상이 서 있는 성당 종탑이 보인다. 순례자를 위해 세워진 수녀원 성당이다. 그런데 중세 초에는 이곳 수녀원보다 여기서 50킬로미터 떨어진 몬하임 베네딕도회 수녀원이 성 발부르가 순례지로 유명했다.

893년 성인 기념일인 5월 1일에 리우빌라 수녀원장은 수녀원 발전을 위해

아이히슈테트 장크트 발부르크 수녀원 1035년 6월 24일, 대성당 성직자인 레오데가르 백작이 헤리베르트 주교(1022~1042)의 제안으로 도시 성벽 밖 성인의 무덤이 있던 곳에 로마네스크 양식의 성당을 세우고, 베네딕도회 수녀원을 설립했다. 30년전쟁 후 바로크 시대에 증개축했다.

아이히슈테트에서 성 발부르가의 성해 일부를 모셔 왔다. 그 과정에서 기적이 일어났고, 이후 몬하임 수녀원을 찾은 순례자에게 여러 치유의 기적이 일어나면서 몬하임 수녀원은 10세기 전후로 알프스 이북의 중요한 순례지로 부상한다. 이후로 중부 유럽 곳곳에 그곳처럼 성인의 유해 일부를 모신 성당이 생겨났다. 이런 흐름에는 수녀원장의 알레만 귀족 친척의 영향과 동프랑크왕국이 발부르가 순례를 적극적으로 장려한 영향도 있었다. 아마도 웨섹스의 공주로 알려진 성인에 대한 공경이 자연스럽게 왕과 귀족에 대한 존경으로 이어지기를 바라는 의도와도 무관하지 않을 것이다.

1035년, 아이히슈테트 교구도 성인의 무덤을 재단장한다. 성인의 유해 일부가 모셔진 곳에서

수녀원을 봉헌하는 레오데가르 백작

『성 발부르가의 기적』(894~899) 아이히슈테트 대성당 성직자 볼프하르트 폰 헤리덴은 성인이 옥수수 세 알로 아이를 굶주림에서 구한 기적, 광견병에 걸린 개를 진정시킨 기적, 산모의 산욕열이 치유된 기적 등을 기록했다(Cod. 326, f. 182r-204v).

몬하임 장크트 발부르가 성당 옛 몬하임 베네딕도회 수녀원 성당으로 주 제대와 성당 벽화가 발부르가 성인의 삶을 주제로 꾸며져 있다. 893년 성인의 유해를 모신 뒤로 발부르가 성인 순례지로 부상했다.

기적이 일어났는데, 본가인 성인 무덤이 있는 아이히슈테트로 순례의 발길이 자연스럽게 이어졌을 것이다. 대성당 성직자인 레오데가르 백작은 이곳 언덕에 로마네스크 양식의 성당을 짓고 베네딕도회 수녀원을 설립한다. 원래 규율 수녀들이 무덤을 관리하고 있었지만, 주교는 몬하임에서처럼 베네딕도회 수녀들이 성지를 책임지고 순례자를 보살피기를 원했던 것 같다.

그런데 성지를 재단장한 뒤, 성인의 유해가 담긴 석관에서 치유의 '기름'이 흘러나온다는 이야기가 퍼지면서, 유럽 전역에서 순례자들이 아이히슈테트로 모여든다. 특히 16세기 몬하임 수녀원이 공식적으로 폐쇄된 후 장크트 발부르크 수녀원

> **우리가 아는 수녀님과 규율 수녀는 다른가요?**
>
> 공동생활을 하고 함께 기도한다는 점에서 같지만, 수도자처럼 청빈, 독신 등의 서원 없이 원장에 대한 순종, 순결만 약속했어. 대개 귀족의 딸들이 입회해 라틴어와 악보 읽는 법을 배워 교회 전례에서 성가대 역할을 맡았지. 성인이 되어 수녀원에서 나가 결혼할 자유도 있었어.

장크트 발부르크 순례 성당 입구와 주 제대 30년전쟁 중 마르티노 I. 바르비에리가 벽기둥만으로 건물을 지지하는 단일 본랑 구조의 바로크 성당으로 건축했다. 종탑은 1746년에 세웠다. 전쟁이 끝난 뒤 18세기까지 내부를 계속 단장했으며, 성 발부르가를 주제로 한 제단화는 요아킴 폰 산드라르트의 작품이다.

은 순례자에게 가장 중요한 발부르가 순례지가 됐다. 그래서 17세기에 들어 옛 로마네스크 성당을 허물고, 바로크 양식으로 지금 모습의 성당을 새로 지었다. 이때 1035년에 세운 로마네스크 양식 성당의 본랑 아래에 있던 성인의 무덤은 그대로 보존한 채 그 위로 새 성당을 건립했기에, 성당에 들어가려면 지금처럼 계단을 올라가야 한다. 하지만 높은 입지 덕분에 수녀원과 성당은 아이히슈테트 풍경 사진에 단골처럼 등장하는 랜드마크가 됐다. 알트뮐 골짜기를 넘어 아이히슈테트를 찾아온 순례자들은 멀리서 성당을 보면서 힘차게 걸음을 내디뎠을 것이다.

장크트 발부르크 수녀원 경내에서 보면, 수녀원은 크게 한 건물로 이어

장크트 발부르크 수녀원 경내 무덤 소성당 왼쪽이 손님 숙소이며, 오른쪽 노란 건물이 수녀원이다.

져 있다. 성당 동쪽으로 성인의 지하 무덤 소성당과 수녀원 건물이 붙어 있으며, 계속해서 초등학교와 교구청사가 붙어 있다. 건너편에 있는 피정의 집인 손님 숙소는 2층 통로로 수녀원 건물과 연결되어 있다.

이제 성인의 유해가 모셔져 있는 소성당으로 들어가 보자. 무덤 소성당은 세 개의 층이 하나의 공간으로 되어 있다. 바로 앞에 성인의 가족들이 보인다. 참으로 복된 가족이다. 맨 오른쪽엔 지금까지 보지 못한 성인 한 분이 더 있다. 성인의 어머니인 성 분나Wuna다. 독일의 사도 성 보니파시오의 누이라는 이야기도 있지만, 구체적으로 어떤 삶을 살았는지 특별한 전승 없이 분나라는 이름만 전해져 왔다. 분나는 '기쁜 여인'이란 뜻이다. 성가정을 본받아 가족이 주님의 뜻을 따라 복음을 전하며 살다가 영원한 천상 가정에 들었으니 어찌 기쁘지 않을까 싶다. 아래층으로 내려가면 발부르가 성인의 무덤이다. 제대 위 황금문 안에 성인의 석관이 놓여 있다. 900년 넘게 순례자들은 석관 아래 돌 받침대를 타고 흘러나온 '발부르가의 기름'의 효능을 믿었다.

장크트 발부르크 무덤 소성당 제대 위 무덤이 있고, 그 위로 가족 성인상이 있다. 순례자 행렬이 한 층으로 들어와서 다른 층으로 나갈 수 있도록 양쪽으로 계단이 있다.

성 발부르가의 석관과 발부르가 성유(좌), 성 발부르가(우) 성인의 동상이나 성화는 수녀원장을 상징하는 목장과 발부르가 성유를 나타내는 성유병을 든 모습으로 묘사된다.

전승에 따르면, 10월 12일부터 성인의 기념일인 2월 25일까지 석관 아래 작은 구멍으로 기름 같이 끈적한 투명한 액체가 떨어져 고이는데, 이 기름으로 병이 낫는 기적이 많이 일어났다고 한다. 그래서 수녀들은 매일 석관 아래 작은 구멍으로 떨어지는 기름을 은사발로 모아 조그만 유리병에 담아 놓았다가 성인에게 바치는 기도문과 함께 순례자들에게 나눠 주고 있다. 그래서 15세기 이후 성 발부르가는 기름병을 들고 있는 모습으로 자주 묘사되었다. 심각한 전염병과 기아가 만연했던 중세 후기에 성인은 특히 독일과 프랑스 북부에서 위급할 때 찾는 수호성인으로 크게 공경받았다.

물론 기름의 성분이 지역의 수돗물 성분과 비슷하다는 과학적 분석 결과도 있었다. 하지만 소성당 벽을 가득 채운 1,200여 개의 봉헌판은 앞서 여기를 찾아온 수많은 순례자에게 일어난 기적의 증거이자, 하느님께서 베푸신 자비에 감사하는 순례자 개개인의 체험이다. 게다가 발부르가의 기름이 수도원에 행복한 사건이 일어났을 때 풍부하게 흘러나왔고, 불행이 닥쳤을 때 완전히 멈췄다는 사실은 여전히 신비롭다. 한때 아이히슈테트 도시가 파문당했을 때 기름이 멈쳤다가, 다들 성인의 무덤 앞에서 성인의 전구를 청하고 파문이 취소되자 다시 흘러나왔다는 기록이 있다.

초대교회부터 신자들은 처음에는 순교자, 나중에는 성인들의 유물이나 성물함에 기름을 붓고는 천으로 그 기름을 모아, 아픈 이들에게 나눠 주는 관습이 있었다. 기름 자체에 신비한 힘이 있는 것이 아니라, 기름과 관련된 순교자, 성인의 중재와 하느님 은총과 자비를 믿은 것이다. 우리가 시간을 내어 성인의 순례지를 찾는 이유도 마찬가지일 테다.

「오 베닌나」 매일 수녀원 저녁기도 후 성인에게 바치는 노래다.

장크트 발부르크 베네딕도회 수녀원은 세속화로 폐쇄됐다가, 1835년 6월 7일 루트비히 1세 왕이 수녀원을 다시 열 때 새로운 청원자를 받아들여도 된다고 승인받았다. 여느 때와 다르지 않게 그날도 기름이 흘러나왔는데, 정작 수도자들은 며칠 후에 도착한 문서로 수녀원을 재개해도 된다는 사실을 알게 됐다고 한다. 그렇게 기적처럼 재개한 수녀원은 미국에 최초로 베네딕도회 수녀들을 파견하며, 지금까지 천년의 전통을 유지하고 있다. 발부르가의 성유에 얽힌 사연도 기적이지만 전란과 혁명, 세속화를 겪으면서 꿋꿋이 버텨 올 수 있었던 것이 가장 큰 기적이 아닐까.

장크트 발부르크 수녀원 성당 미사
주일과 대축일 9:30 평일 8:30(토)
🌐 www.abtei-st-walburg.de

수녀원 성물방
8:00~12:00, 13:15~18:00
• 수녀원에서 자체적으로 생산한 리쾨르 등을 구할 수 있다.

비텔스바흐 왕가의 요람
샤이에른 베네딕도회 수도원

뮌헨 중앙역 → 파펜호펜(일름) → 샤이에른: 1시간 30분
파펜호펜까지 기차로 이동한 뒤 수도원까지 지역 버스 또는 택시 이동(7km)
뮌헨 → 샤이에른 수도원: 자동차 1시간(A9, 50km)

비텔스바흐 왕가의 옛 성채

바이에른 북부의 샤이에른 수도원은 1684년에 인노첸시오 11세 교황에 의해 공식적으로 승인된 바이에른 베네딕도 연합회의 일원으로, 1077년, 하치가 백작 부인이 바이리슈첼 숲에 설립한 작은 은수처에서 시작됐다. 1119년 비텔스바흐 오토 5세 백작이 왕가의 성채를 기증하면서 이곳에 자리 잡았다. 히르자우 수도원을 모델로 당시 성의 일부를 철거한 뒤 후기 로마네스크 양식의 수도원 성당을 지었다. 1215년, 익랑이 없는 삼랑 형식의 성당을 봉헌했다. 현재 순례자들을 반기는 열린 공동체로서, 피정의 집, 학교, 양조장, 증류소, 농장, 레스토랑 등 다양한 사업체를 운영하고 있다.

후기 바로크 양식의 성 십자가 소성당(좌), 성 십자가 성물함(우), 샤이에른 마을 문장(옆) 제단 중앙의 십자가 왼쪽에는 성 마리아 막달레나, 오른쪽에는 성 십자가를 발견하고 쥐고 있는 성 헬레나가 있으며, 감실 아래에 비잔틴 총대주교 십자가 형태의 성물함에 성 십자가 조각이 모셔져 있다. 성물함은 1730년에 새로 제작되어 1901년에 수리를 거쳤다. 이런 이중 형태의 십자가는 샤이에른 문장에서도 볼 수 있는데, 이 형태의 십자가를 샤이에른 십자가라고 부른다.

성모승천과 성 십자가 성당(좌), 주 제대와 본당 천장화(우) 여러 차례 개축하여 현재 신낭만주의 양식으로 바뀌었다. 본당 천장화는 성모승천과 천상모후의 관을 쓰는 모습, 성 베네딕도의 시성, 성 십자가의 발견과 구원을 형상화했다. 1980년에 성 요한 바오로 2세 교황에 의해 준대성전으로 지정됐다.

900년 역사의 베네딕도회 수도원

주님이 못 박히셨던 성 십자가 조각이 소성당에 모셔져 있다. 12세기 십자군 원정 시기 예루살렘의 풀코 총대주교는 성지 기부금 모금을 위해 의전사제 콘라트를 유럽으로 보냈다. 이때 성 십자가 조각과 인증서를 지니고 가도록 했는데, 역사의 소용돌이 속에 당시 비텔스바흐 가문의 일파로 바이에른의 유력한 가문인 다하우 백작 가문의 소유가 됐다. 1156년, 백작 가문이 대가 끊기면서, 비텔스바흐 왕가의 무덤이 있던 샤이에른 수도원에 전해졌다. 그 후 1180년부터 공식적으로 성 십자가 순례가 시작되었고, 수도원은 종교·문화 중심지로 발전했다.

수도원 도서관과 수도원 제의방 수도원의 지혜가 응집된 도서관은 1755년 플라치두스 아빠스가 새로 단장했다. 제의방은 15세기에 지어졌으나, 섬세하게 조각된 천장과 벽 장식, 가구들은 바로크 시대 작품이다. 수백 년 동안 사용되어 온 제의와 제구가 있다.

홉 재배지와 샤이에른 수도원 맥주

샤이에른 양조자들의 모토는 "자, 이제 마실 때다"^{Nunc est bibendum}이다. 면적이 2,400제곱킬로미터인 세계 최대 홉 생산지 언저리에 수도원이 자리 잡고 있어서 1119년부터 맥주를 양조했다. 다양한 맥주가 생산되며, 수도원 식당과 정원에서 즐길 수 있다.

홀러 타우 지역 홉 밭(좌)과 수도원 맥주(우)

가이타우어 알름(1330m)의 수도원 별장 1077년 수도원 역사가 시작된 곳으로 매년 여름 산중 미사가 봉헌된다.

TIP

샤이에른 수도원 전례
주일과 대축일 미사
7:30, 8:30, 10:00, 19:00
평일 미사 17:45(월·화·목·금)
십자가 경배 16:30

수도원 가이드 투어(1시간 소요)
주일과 대축일 15:00
유료이며 공개되지 않은 장소(도서관, 제의방)를 둘러볼 수 있다.
🌐 www.kloster-scheyern.de

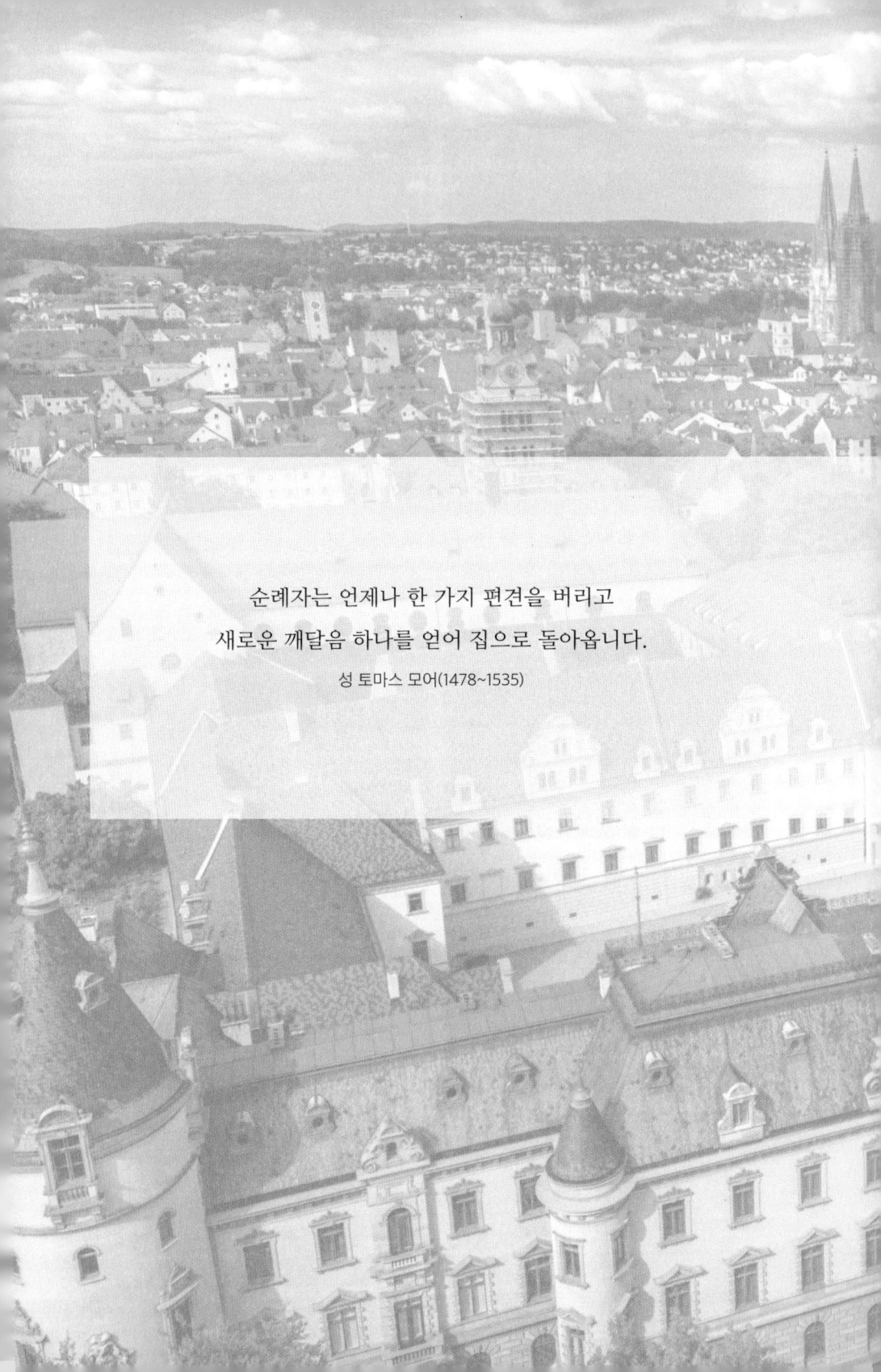

순례자는 언제나 한 가지 편견을 버리고
새로운 깨달음 하나를 얻어 집으로 돌아옵니다.

성 토마스 모어(1478~1535)

도나우강 신앙의 요람
레겐스부르크를 찾아서

#성엠메라모 #성볼프강 #장크트엠머람수도원
#레겐스부르크대성당 #장크트페터대성당 #에르미놀트_수태고지
#돔슈파첸 #켈하임 #벨텐부르크수도원 #성제오르지오

성 엠메라모가 뿌린 신앙의 겨자씨

독일 바이에른 중심부에 있는 레겐스부르크는 독일에서 가장 잘 보존된 중세 도시 중 하나다. 도시의 역사는 이천 년 전으로 거슬러 올라간다. 서기 179년, 로마군은 켈트족이 라다스보나Radasbona라고 부르는 레겐강 주변에 요새 '카스트라 레기나'castra regina를 건설했다. 이곳은 레겐강이 도나우강으로 접어드는 곳이어서 지정학적으로 중요한 곳이었다. 요새는 후에 중세도시로 발전했고, 레겐스부르크 지명도 여기서 유래했다.

특히 레겐스부르크는 중세 초 도나우강 주변 신앙의 발자취를 잘 살펴볼 수 있는 곳이기도 하다. 739년에 성 보니파시오에 의해 바이에른에서 처음 교구가 설립되어, 초창기 교구와 수도원이 함께 그리스도 신앙을 꽃피워 나간 대표적인 지역이다.

레겐스부르크 역을 나서면 중세 정취가 가득하다. 멀리서 들리는 대성당 종소리와 도나우강의 선선한 공기

포르타 프라에토니아 흔적 2세기 로마군 주둔지의 북문 유적. 17세기 레겐스부르크 교구 주교관이었다.

148

투른·탁시스 가문의 장크트 엠메람성 서쪽에서 바라본 레겐스부르크 모습이다. 1803년까지는 전체 건물이 수도원 단지였으나, 지금은 성 옆에 우뚝 솟은 종탑이 있는 곳만 성당으로 쓰고 있다.

에 발걸음이 가볍다. 이내 넓은 공원이 펼쳐지는데, 서쪽 끝에는 투른·탁시스 가문의 장크트 엠메람성이 있다. 원래 성 엠메라모Emmeram von Regensburg에게 봉헌된 베네딕도회 수도원이었던 곳으로, 1803년의 세속화 조치로 수도원이 폐쇄되고 모든 재산이 국유화되기 전까지 도나우강 일대 신앙의 요람이자 정치·문화의 중심지였다.

  성 엠메라모는 7세기에 프랑스 아키텐 지방에서 바이에른으로 와서 복음을 전하다 순교한 선교 주교다. 7세기 말 『성 엠메라모의 전기』는 한 편의 드라마를 보여 준다. 당시 바이에른 공작의 딸이 혼전 임신을 주교에게 고백하며 도움을 청했다. 아이 아버지는 공작의 일개 신하였다. 그녀가 가문의 명예를 훼손했다는 이유로 죽을 위험에 처하자, 엠메라모는 사람들이 자신을 존경하니 아이의 아버지라고 둘러대면 괜찮을 거라고 이르고는 로마 순례길을 떠났다.

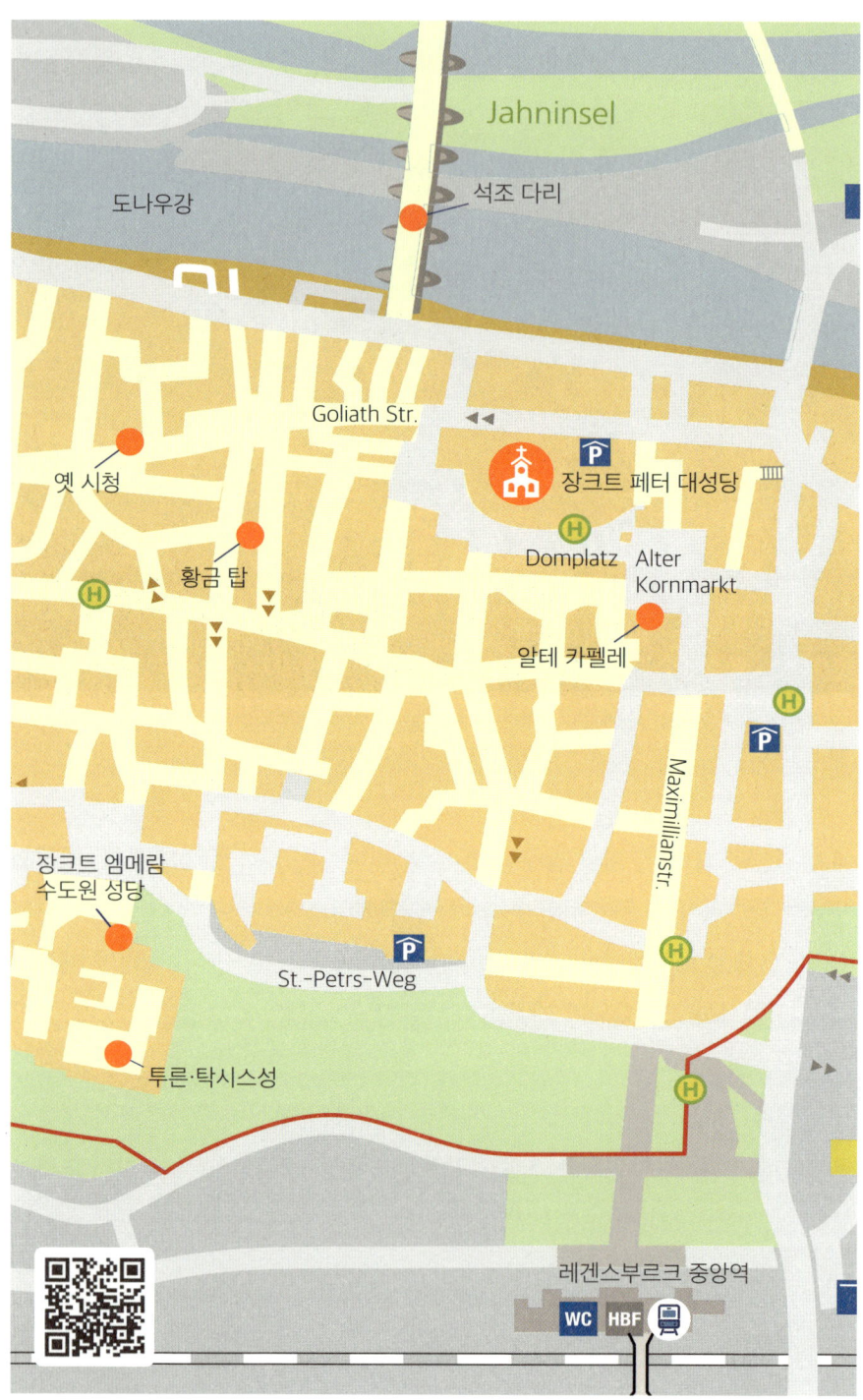

하지만 얼마 가지 못해 여동생의 명예가 손상됐다고 여긴 공작의 아들에게 붙잡혀 사다리에 매여 잔혹한 고문을 받다가 순교한다. 주교가 묻힌 곳에 200여 명의 신자들이 모여 그의 죽음을 애달파했고, 40일 동안 비가 구슬프게 내렸다고 한다. 뒤늦게 사실을 알게 된 공작은 주교의 유해를 레겐스부르크로 이장하는데, 유해를 실은 뗏목이 이자르강을 지나 도나우강에 접어들자마자 기적처럼 강을 거슬러 올라가 레겐스부르크에 당도했다고 한다.

739년에 성 보니파시오의 발길이 이곳으로 향했다. 보니파시오는 도나우강 일대와 독일 바이에른, 체코, 오스트리아 선교를 위해 레겐스부르크 교구를 설립한다. 이로써 레겐스부르크는 독일에서 세 번째로 설립된 교구가 되었다. 교구가 설정된 뒤 가우발트 주교는 엠메라모 주교의 유해를 모시고 있던 장크트 게오르크 성당 자리에 지금의 수도원 성당을 크게 짓고 752년에 성인의 유해를 제대에 다시 모신다. 이때부터 수도원은 장크트 엠메람Sankt Emmeram 수도원이라고 불렸다. 카롤루스 대제도 791년부터 793년까지 두 번의 겨울을 이곳에서 지내며 통치를 공고히 했다. 9세기 루트비히 왕이 왕궁까지 세울 정도로 신성로마제국에서 중요한 도시로 발전했다. 이후 레겐스부르크는 제국의 자유도시이자 교역 도시로 번성했고, 1663년부터 1806년까지 제국 의회가 열리는 정치의 중심지로 발전한다.

성 엠메라모의 순교(좌)와 뮌헨 인근 펠트키르헨의 장크트 볼프강 소성당(우) 공작의 아들 란트페르트는 주교를 도망자로 여기고 쫓아와 사다리에 묶고 갈기갈기 찢어 죽였다. 주교가 임시로 매장된 곳에 샘이 솟아나 주변이 늘 아름답고 푸르렀다고 한다. 이장 후 그 자리에 소성당을 세웠다.

장크트 엠메람 수도원 성당 레겐스부르크 베네딕도회 제국 수도원으로, 순교자로 공경받는 성 엠메라모 무덤 위에 739년에 세워졌다. 1964년 바오로 6세 교황에 의해 준대성전으로 지정됐고, 현재 교구 본당으로 쓰이고 있다. 기존 종탑이 낡아 1575년부터 1579년까지 르네상스 양식의 6층 새 종탑을 세웠다.

주님의 종 성 엠메라모의 거룩한 공간

멀리서부터 르네상스 양식의 6층으로 된 63미터짜리 종탑의 웅장한 실루엣이 눈에 들어온다. 소박한 로마네스크 양식의 수도원 외벽과 출입문에서 수백 년 역사의 흔적이 드러난다. 수도원 안뜰에 들어서면 아까 본 화려한 성과 대조가 되어 세속을 벗어나 하느님의 공간으로 들어가는 것 같다.

수도원 성당 안은 이곳이 주님의 충성스러운 종 성 엠메라모의 공간이라고 말한다. 측면 벽에는 성인의 생애가 그림책처럼 펼쳐져 있고, 천장 프레스코화에는 성인이 천상으로 들어가는 모습이 그려져 있다. 본랑 양쪽 벽의 화사한 스투코와 조각상, 바로크 양식의 주 제단, 그

> **왕이 수도에서 통치하지 않나요?**
>
> 프랑크 왕국 시기에는 지금과 같은 수도가 없었어. 왕은 몇몇 도시에 본궁을 두고 두루 옮겨 다니며 통치했지. 여행 중에는 행궁인 '팔츠'에 머물거나 수도원에 머물렀어.

장크트 엠메람 수도원 성당 주 제대 로마네스크 양식의 평면도에 삼랑 구조를 갖춘 성당. 제대 아래 성해함에 성 엠메라모의 유골이 모셔져 있는데, 유해에 부서지고 심하게 고문당한 흔적이 있다. 성인의 생애를 그린 벽화와 천장 프레스코화는 아잠 형제의 작품이다.

화려함과 디테일에 감탄할 뿐이다. 가대 옆 계단으로 내려가면 성당에서 가장 오래된 공간에 들어서게 된다. 1052년에 봉헌된 지하 소성당으로, 제대 아래에 레겐스부르크 교구 초기 발전에 크게 이바지한 성 볼프강 주교가 안치되어 있다.

그런데 교구장의 무덤이 왜 주교좌성당이 아니라 베네딕도회 수도원에 있을까? 739년부터 975년까지 장크트 엠메람 수도원 아빠스가 교구장이었기 때문이다. 아빠스는 교구장으로서 수도원이 아니라 현재 대성당 근처

장크트 엠메람 수도원 성당 안뜰(위)과 장크트 루페르트 성당(아래) 수도원이 관할하던 교구 본당으로 수도원 성당과 나란히 붙어 있다.

장크트 엠메람 성당의 볼프강 지하 소성당과 성 볼프강 성해함 성 볼프강(924~994) 주교는 교구민의 사랑을 크게 받은 목자이자 수도자로 1052년에 레오 9세 교황에 의해 시성됐다. 레겐스부르크 도시와 교구의 수호성인이다.

의 옛 로마 요새 지역에 거주했지만, 이런 인적 결합은 교구와 수도원 두 교회 기관이 초창기 선교란 목적 아래 단일대오였음을 보여 준다. 베네딕도회 수도

도나우강 너머 복음화

자들은 739년 초, 보헤미아 선교 전초기지로 캄뮌스터 수도원을 설립하는 등 도나우강 너머 슬라브 지역의 복음화에 앞장섰다. 972년, 장크트 엠메람 수도원은 제국 수도원으로 승격되고, 프라하 교구가 설립되었으니, 성 엠메라모가 뿌린 신앙의 씨가 레겐스부르크에서 꽃을 피우고 보헤미아에서 열매를 맺은 것이다.

수도원 개혁을 이끈 성 볼프강 주교

성 볼프강Wolfgang von Regensburg은 슈바벤 출신으로 소년 시절 콘스탄츠 호수의 라이헤나우 수도원 학교와 뷔르츠부르크의 대성당 학교에 다녔다. 이후 트리어에서 대성당 학교를 운영하며 젊은 성직자를 양성하다가 40세 무렵 수도사가 되기로 결심하고 964년 스위스의 아인지델른 수도원에 입회하여 사제품을 받았

다. 하지만 그의 소명은 은수 생활에만 있지 않았다. 그는 지금의 오스트리아와 바이에른 지역의 선교사로 파견되어 하느님의 복음을 전했고, 그의 훌륭한 가르침 덕분에 많은 이가 세례를 받았다. 이 일로 그는 당시 파사우 필그림 주교에게 발탁되었다. 주교는 오토 2세 황제에게 레겐스부르크의 새 주교로 추천했다. 전승에 따르면, 일부 성직자들은 방랑 수도승이 좋은 주교가 될 수 없다고 의심하며 반대했다고 한다. 그러자 하느님이 그들의 마음을 돌릴 기적을 일으키셨다. 볼프강의 정적 중 한 명이 갑자기 중병에 걸렸는데, 볼프강이 기도로 그를 치유한 것이다. 볼프강

『하인리히 2세의 성사 전례서』 중 하인리히 2세의 대관식 하인리히 2세를 위해 레겐스부르크 장크트 엠메람 수도원에서 제작한 필사본이다. 오토 왕조의 중요한 서적 예술 작품으로 꼽힌다.

은 마침내 972년에 레겐스부르크의 주교로 임명됐다.

볼프강은 레겐스부르크 교구를 이끈 20여 년 동안 클뤼니, 고르즈 수도원 개혁 정신을 이어받아 바이에른과 알프스 지역 수도원 개혁을 주도한다. 임기가 시작되자마자 장크트 엠메람 수도원의 자치를 위해 독자적으로 아빠스를 두어 수도원장과 주교의 인적 결합을 분리하고 교구 운영에 전념했다. 또 교회 부패를 막기 위해서는 우수한 성직자 양성이 필요하다고 생각하여 성직자 교육과 영성 수련을 중시하고 수도원 도서관과 필사실, 수도원 학교를 세웠다. 이 기간 수도원에서 『하인리히 2세의 성사 전례서』, 『우타 복음서』가 제작됐다.

1555년 아우크스부르크화의 이후 레겐스부르크가 루터교 도시가 되면서 수도원의 입지가 줄어들었지만, 1625년에 바이에른이 가톨릭 지역으로 바뀌면서 수도원은 다시 학문의 중심지로 부상한다. 수도원 아카데미는 뮌헨 바이에

성 볼프강 주교 선종 천 주년 기념우표와 오스트리아 잘츠카머구트 장크트 볼프강 성당 볼프강 주교가 은수 생활을 중 지었다고 전해진다. 그 후 호수 이름도 주교 이름으로 따서 장크트 볼프강으로 바뀌었다.

른 아카데미와 쌍벽을 이룰 정도로 유명했다. 1731년에 아빠스가 제국 제후의 지위로 승격되면서 수도원은 지금처럼 멋진 바로크 옷을 입게 됐다.

  1803년의 세속화로 여느 수도원처럼 문 닫을 때까지, 성 엠메라모, 성 볼프강의 유해를 모신 장크트 엠메람 수도원은 중세 많은 순례자가 찾는 성지였다. 현대인은 프랑크인인 엠메라모 주교의 죽음을 당시 세력 관계, 궁정 암투의 결과물로 보기도 한다. 바이에른의 독립이 진행되던 시기에 프랑크왕국 지배에 대한 반발 또는 두려움이 상징적으로 드러났다는 것이다. 하지만 중세인에게는 그리스도처럼 약자의 죄를 대신 뒤집어쓴 목자의 모습이 더 다가왔을 테다. 위대한 자선가로 불리며 사랑받던 성 볼프강도 모함에 묵묵히 교구에서 물러나 잘츠부르크 근처 호숫가에서 은수자의 삶을 선택했다. 그런 삶의 표양이 지금도 순례자를 끌어당기고 있는 듯하다.

레겐스부르크 장크트 페터 대성당 공사 기간에 옛 성당 일부를 미사 봉헌을 위해 임시로 사용했다. 처음에는 다소 소규모 신축을 계획했지만, 곧 야심 찬 고딕 양식의 건축물로 결정하고, 1280년경부터 에르미놀트 마이스터(현재는 루트비히 마이스터로 확인)가 조각가로서 대성당에 참여했다.

석조로 빚은 천국 레겐스부르크 대성당

수도원을 나와 옛 돌길을 따라 도심을 가로지르면 옛 곡물 시장에 도착한다. 이곳에는 바이에른에서 가장 오래된 성당인 알테 카펠레가 자리잡고 있다. 레겐스부르크에 왕이 머무르는 동안 궁전 소성당으로 쓰였던 곳이다. 그 왼편으로 돌면 마침내, 하늘로 105미터 우뚝 솟은 두 첨탑이 시야에 확 들어온다. 도시의 영적인

알테 카펠레 레겐스부르크에서 가장 오래된 성당으로 잘츠부르크의 주교 성 루페르토가 로마 시대 유노 신전 자리에 지은 성모 성당이다.

1520년 대성당이 완성됐을 무렵의 레겐스부르크 석조 다리 뒤로 대성당(H)과 장크트 엠메람 수도원 종탑(K)이 보인다.

중심이자 오랜 세월 순례자를 맞이한 레겐스부르크 대성당이다.

레겐스부르크 주교좌성당인 장크트 페터 St. Peter 대성당은 쾰른 대성당과 함께 독일에서 가장 유명한 고딕 양식 성당으로 꼽힌다. 뾰족한 아치형 창문, 팀파늄, 선조線條 장식의 부벽, 화려한 첨탑이 전체적으로 천상을 연출한다.

노새의 탑 1000년경에 지어진 탑. 돔 상부로 자재를 나르는 도르래 장치나 엘리베이터로 쓰였기에 붙은 이름이다.

성당에 들어가기 전 잠시 멈춰 서자. 이런 성당은 오랜 사연을 외관에 담고 있다. 대성당은 지금의 모습을 갖추기 전 여러 단계의 꼴을 거쳤다. 700년 무렵에 처음으로 큰 홀 형태의 성당이 지어졌고, 891년에 도시에 큰 화재가 난 후 10세기 후반에 로마네스크 양식의 성당을 새롭게 지었다. 1000년경에 다시 두 개의 서쪽 탑과 아트리움을 추가하여 대성당과 서쪽의 세례당을 연결하는 증축 공사를

서쪽 정면의 중앙 성모 마리아 문 그리스도의 가계도인 이사이의 그루터기, 성모 마리아의 부모 성 요아킴과 성 안나의 전설부터 마리아의 탄생과 성전 방문, 천사의 수태고지, 예수 탄생에 이르기까지 성모님 생애를 형상화했다.

했다. 하지만 1272년과 1273년에 두 차례에 걸친 끔찍한 화재로 성당은 다시 크게 손상됐는데, 이를 계기로 1275년에 오늘날의 고딕 양식 대성당 건축 공사가 시작됐다. 1450년 초에서야 본당에서 임시로 미사를 봉헌할 수 있었다. 전체적으로 1520년경에야 완성되었지만, 특징적인 뾰족한 첨탑 지붕은 1859년에서 1869년 사이에야 완성되었다.

대성당 서쪽 정면을 바라보면 그 세월을 어렴풋이 느낄 수 있다. 모든 조각과 돌이 다른 시대의 이야기를 속삭인다. 정면 중앙의 뾰족아치형 문에는 성모님 삶의 여러 장면이 펼쳐져 있다. 그 위 십자가 아래 대성당의 주보성인인

서쪽 정면의 십자가와 사도 성 베드로

천국의 열쇠를 손에 든 사도 성 베드로가 보이는데, 천국에서 순례자들을 환영하는 듯하다.

대성당 건축에 얽힌 도시 전설이 있다. 레겐스부르크에서는 대성당 건축업자와 석조 다리 건설업자 사이에 경쟁이 있었다. 대성당과 도나우 다리라는 두 개의 거대한 건설 프로젝트는 중세 시대에 거의 동시에 진행되었는데, 누가 먼저 완공할 것인가를 두고 경쟁을 벌인 것이다. 전설에 따르면, 경쟁에서 질까 염려한 다리 건설업자는 악마와 계약을 맺었다고 한다. 악마가 다리 건설을 도와주는 대가로 완성된 다리 위를 걷는 첫 세 생물의 영혼을 받기로 했다. 그러나 돌다리가 완성되자 교활한 건설업자는 다리를 축복할 성직자보다 수탉, 암탉, 개를 먼저 앞세우고 건넜다. 약속한 사냥감을 빼앗겼다고 느낀 악마는 화가 났지만 어쩔 수 없었다. 대신 악마는 성당 건축 현장을 뒤죽박죽으로 해 놓고 떠났기에 성당 완공에 매우 오랜 시간이 걸렸다는 것이다. 실제로 다리가 완공된 뒤 성당이 완공되는데 장인과 석공은 수백 년을 더 매진해야 했다.

시간이 멈춘 빛과 돌의 숲

성당으로 들어가면 바깥과 다른 분위기가 느껴진다. 광활하고 어두운 공간으로 내리비치는 스테인드글라스

레겐스부르크 대성당 주 제대와 본랑 원래 계획된 낮은 구조 대신 프랑스 고딕 성당을 모델로 삼아 우뚝 세운 벽과 높은 천장으로 변형해 지었다.
바로크 주 제대 은·금박을 입힌 구리로 만든 웅장한 제대로, 완성하는 데 100여 년이 걸렸다.

에르미놀트의 수태고지 조각상과 성당 스테인드글라스 1230년 무렵 제작된 옛 대성당 건물의 스테인드글라스를 지금 측랑에 다시 설치했다. 에르미놀트는 스위스 바젤 대성당의 조각을 맡았던 대가로 알려져 있는데, 당시 예술가들의 섬세한 감수성과 신앙적 내면세계를 잘 보여 준다.

빛에 눈이 적응하려면 잠시 멈춰야 한다. 눈앞으로 바닥에서 솟아오른 크고 가느다란 기둥이 본당 위로 아치형으로 뻗은 둥근 천장을 받치고 있고, 바닥에 투영된 스테인드글라스의 빛이 화려한 색의 태피스트리처럼 펼쳐져 보는 이를 압도한다.

가대석 위로는 신약성경 장면을 주제로 한 장대한 스테인드글라스 창이 이어지고, 그 아래로는 은빛과 황금빛 표면이 빛나는 주 제대가 보인다. 19세기 성당을 다시 차분한 네오고딕 양식으로 재단장할 때 성당에서 유일하게 보존한 바로크 양식의 제대다. 이 제대가 한 번의 주조로 만들어진 것이 아니라 거의 100년에 걸쳐 조립되었다는 사실을 안다면 놀랄 것이다. 성모 마리아와 성 요셉의 은색 흉상을 포함한 첫 번째 부분은 1695년에 제작했고, 1731년에는 네포무크의 성 요한의 은판 부조상을 추가로 제작해 장식했다 1764년에는 사도 성 베드로와 성 바오로 사도의 흉상이 추가됐다. 1777년에는 안톤 주교가 여섯 개의 대형 은제 촛대와 웅장한 제단 십자가를 기증했고, 마침내 1785년에 감실이 있는 제단 구조가 완성됐다. 엄청난 기부금과 대성당 보물까지 녹여 조달한 은과 시대를 아우르는 장인 정신이 한데 융합되어 탄생한 결과물이다.

시간이 기도 속에서 머무르는 곳
레겐스부르크 장크트 페터 대성당

750년 넘게 이 웅장한 공간에서 레겐스부르크 시민들이 모여 하느님을 찬미했다. 삼랑 형식으로 32미터 높이의 십자형 아치형 천장과, 스테인드글라스 창문으로 들어오는 빛이 인상적이다. 17세기 바로크 양식으로 리모델링했으나, 1828년 바이에른의 루트비히 1세 국왕에 의해 다시 고딕의 공간으로 바뀌었다. 2006년 레겐스부르크 구시가지와 함께 유네스코 세계 문화유산으로 지정됐다.

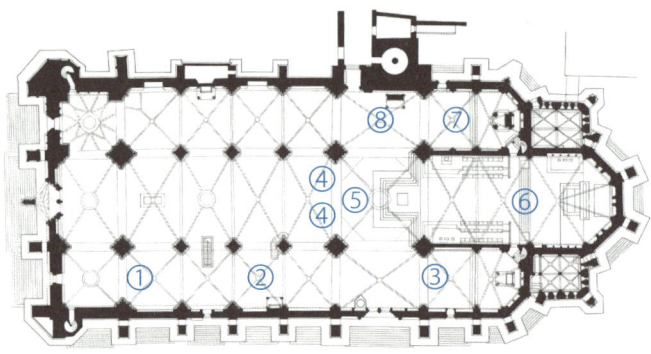

① **주보성인 사도 성 베드로** 성 베드로에게 봉헌된 성당답게 성인의 모습을 백 군데 이상 발견할 수 있다.

② **성모 제대** 1330년에 제작된 수태고지 천개 아래 아기 예수를 품은 성모 마리아의 작은 돌 조각상이 있다. 초 봉헌 가능.

③ **잘리어 소성당의 그리스도 성탄 제대** 요한 미하엘 폰 잘리어(1751~1832) 주교의 무덤 제대라고도 부른다. 성탄 제대화는 요제프 크란츠베르거의 작품이다.

④ 에르미놀트, 수태고지의 가브리엘 천사와 마리아(1280)

⑤ 주 제대와 가대석 대성당 건축가인 알브레히트 장인의 감독하에 13세기 말 가대석을 완성했고, 스테인드글라스 창문은 14세기 전반 레겐스부르크 유리 공방의 장인들이 제작했다.

⑥ 바로크 주 제대 19세기 네오고딕 양식으로 증개축할 때 유일하게 남은 바로크 양식의 제대다.

⑦ 성 우르술라 제대 1420년에서 1430년 사이 제작된 제대. 예술적으로 세련된 석조로 후기 고딕 양식 장식의 절정을 보여 준다.

⑧ 대성당 파이프오르간 2009년에 설치된 현대 오르간. 낭만주의 오르간 음색을 재현했다.

163

본랑 남쪽 성 십자가 문

대성당 가이드 투어

회랑 포함 긴 투어(75분)
12:30(5.1.~10.31.)

일반 투어(45~60분)
12:30(평일 1.8.~12.19.)
또는 14:30(토, 주일, 대축일 11.1.~12.21.)
집결장소: Infozentrum DOMPLATZ 5

대성당 전례

주일과 대축일 미사 10:00, 12:00
평일 미사 7:00
평일 정오 묵상 12:00(15분)
주일 10시 미사 전례에 돔슈파첸이 함께 참례한다.

성당 안을 거닐다 보면 성인들의 석상 중 무엇보다 교차랑의 양쪽 기둥에 있는 두 조각상에 시선이 꽂힌다. 에르미놀트 마이스터라고 알려진 예술가의 작품으로 수태고지의 주인공인 가브리엘 천사와 마리아를 형상화했다. 큰 날개와 눈에 띄는 미소를 짓고 있는 천사의 손짓과 메시지에 겁을 먹은 듯 살짝 기운 마리아의 몸짓, 서로 떨어져 있지만 생동감 있게 한 장면을 이룬다.

종교개혁의 여진이 가라앉은 17세

레겐스부르크 대성당 소년 소녀 합창단 '돔슈파첸' 레겐스부르크가 자랑하는 영적·문화적 상징이자 살아 있는 유산이다. 2022년부터 소녀들도 단원으로 받아들여 약 80명의 혼성 합창단으로 전 세계를 다니며 감동을 주고 있다.

기 대성당은 시대정신에 따라 바로크 양식으로 증개축됐다. 중세 벽과 스테인드글라스는 바로크 양식 느낌을 반영하기 위해 올리브 회색으로 칠했고, 스테인드글라스 창문은 더 많은 빛을 받아들이기 위해 투명한 유리로 바꿨다. 하지만 19세기에는 다시 고딕 양식에 대한 갈망이 불타올랐다. 고딕 성당이 지어지던 중세 신자들의 신앙심으로 돌아가려 했는지도 모른다. 1834년에 바이에른의 루트비히 1세 국왕의 대대적인 지원을 받아 건축가 프리드리히 폰 게르트너의 주도로 레겐스부르크 대성당은 주 제대를 제외하고 모든 내부를 고딕 양식의 공간으로 되돌린다. 수백 년 중단됐던 종탑 공사도 재개되어 1859년에서 1869년 사이에 두 개의 서쪽 탑에 오늘날 볼 수 있는 섬세한 첨탑이 완성됐다. 1985년부터 1988년까지 증개축 공사로 성당을 좀 더 밝은 공간으로 복원했다. 이로써 로마네스크에서 고딕, 바로크, 네오고딕, 모더니즘에 이르기까지 모든 시대의 흔적을 간직한 장소가 된 것이다.

눈을 감고 묵상하는 중에 제대에서 아이들이 감미로운 목소리로 성가 연습을 시작했다. 레겐스부르크 대성당 소년소녀 합창단 '돔슈파첸'Domspatzen으로 성 볼프강 주교가 남긴 신앙의 선물이다. 돔슈파첸은 성당에 둥지를 틀고 행복하게 지저귀는 작은 새인 '성당의 참새'를

> **레겐스부르크 맛집?**
>
> 1135년부터 영업한 세계에서 가장 오래된 소시지 식당 Historische Wurstküche zu Regensburg. 야외 테라스에서 도나우강과 석조 다리를 보면서 소시지를 먹어 봐!

뜻하는데, 소년들은 아주 오래전부터 이 정감 있는 별칭으로 불렸다. 975년 초 성 볼프강 주교는 재능 있는 소년들을 교육해 성소자로 양성하기 위해 대성당 학교를 세웠다. 주교는 스콜라레scolares라고 불리는 이 소년들에게 신앙 교육과 함께 전례 성가를 가르쳤는데, 이는 독일 내에서 가장 오래된 음악교육의 전통 중 하나로 자리 잡았다. 붉은 예복과 하얀 성가대 예복을 입은 천사들의 소리가 천년의 역사가 어린 대성당 벽에 울려 퍼진다. "하늘 높은 데서는 하느님께 영광, 땅에서는 그분께서 사랑하시는 사람들에게 평화!"

우리 신앙인은 결코 외톨이가 아니다. 하느님의 집을 짓고 꾸미는 데 참여한 건축가와 예술가, 신앙으로 결속된 과거와 현재의 순례자, 그 모두가 이곳 하느님의 집에서 그분 현존을 느끼며 함께 평화를 누리기 때문이다.

TIP

대성당 보물 박물관 Domschatz Museum(2026년 하절기 재개관 예정)
주일과 대축일 12:00~17:00, 월~토 11:00~17:00
www.domschatz-regensburg.de

13세기 보헤미아 왕 오타카르 2세가 기증한 성 십자가 조각이 들어 있는 오타카르 십자가(1261), 성 볼프강 주교의 제의, 오토 1세 황제가 기증한 성유물 등을 볼 수 있다.

도나우 협곡의 천년 수도원을 찾아서

도나우강이 협곡을 이루며 흐르는 장엄한 절경 속, 알트뮐 국립공원의 협곡에 보석 같은 베네딕도회 수도원이 있다. 600년 무렵 아일랜드-스코틀랜드 출신 수도자들이 설립한 바이에른에서 가장 오래된 수도원이다. 수도원 순례를 위해서, 바로크 예술의 감상을 위해서, 천년의 흑맥주 바로크 맥주를 맛보기 위해서 많은 이가 이곳을 찾는다.

도나우브루흐의 벨텐부르크 수도원

◇ 레겐스부르크 → 켈하임 → 벨텐부르크: 1시간(유람선 탑승 40분 / 20분)

켈트족의 고대 성채에 들어선 기념비

켈하임Kelheim은 알트뮐강과 도나우강이 만나는 교통 요충지로 BC 6세기부터 켈트족이 요새를 세우고 거주하던 곳이다. 중세 바이에른 공작령의 주요 도시로 발전했으며, 19세기 해방 기념관이 세워진 뒤 독일 민족주의와 통일의 상징 도시가 됐다. 이곳에 도나우 협곡을 지나 벨텐부르크Weltenburg 수도원으로 가는 유람선 선착장이 있다.

켈하임 미하엘스베르크의 해방 기념관 중부 유럽 최대 규모의 선사시대 요새에 19세기 독일 민족주의의 상징인 해방 기념관이 있다.

Befreiungshallestraße 3, D-93309 Kelheim

도나우브루흐 수도원 유람선 선착장 수도원까지 가는 40분 동안 최대 80m 높이의 석회암 절벽 사이로 흐르는 협곡의 절경이 펼쳐진다.

신앙과 전통의 요람 벨텐부르크 베네딕도회 수도원

벨텐부르크 수도원은 1400년 넘게 베네딕도 수도회 전통에 따라 기도와 환대의 장소로 순례자를 맞이하고 있다. 수도원 중심에는 바이에른 남부 바로크 건축의 정수로 꼽히는 아잠 형제가 지은 장크트 게오르크 수도원 성당이 있다.

베네딕도회 수도원 순례 중 빠질 수 없는 즐거움이 수도원 맥주다. 1050년에 설립된 벨텐부르크 양조장은 세계에서 가장 오래된 수도원 양조장으로, 연간 30,000헥토리터의 다양한 맥주를 생산하고 있다. 세계 맥주 대회에서 여러 차례 수상했다.

벨텐부르크 수도원 성당(좌) 성당 위에 성 베네딕도 동상이 보인다. 날씨가 좋은 날에는 수도원 마당에 수도원에서 운영하는 비어가르텐이 펼쳐진다. **바로크 비어(우)** 바로크 맥주로 불리는 흑맥주로 수도원의 대표 맥주다. 양조장 가이드 투어도 준비되어 있다.

수도원 성당 제대와 성 제오르지오 아잠 형제는 빛과 그림자의 대비를 교묘하게 활용하여, 빛과 그림자 사이에 신비로운 느낌을 자아내어, 하느님의 현존을 시각적으로 드러냈다. 제대 중앙에는 성 제오르지오가 로마군의 갑옷을 입고 용과 싸우는 모습을 역동적으로 표현한 조각상이 있는데, 악에 맞서 싸우는 신앙의 용기와 순교 정신을 드러낸다.

프레스코화에 뜬금없이 보이는 이 인물은 아잠 형제가 자신 모습을 그림(형)과 조각(동생)으로 표현한 것

수도원 성당의 프레스코화 성 제오르지오의 승리와 하늘의 영광을 묘사한다. 빛과 원근법을 절묘하게 이용하여 천장이 실제보다 훨씬 높고 넓게 느껴진다.

프라우엔베르크 소성당과 성모 마리아 제대 수도원 성당에서 십자가의 길을 따라 올라가면 벨텐부르크 수도원이 건립된 직후인 700년 무렵에 세운 소성당에 다다른다. 전승에 따르면 성 루페르토가 우상을 섬기던 로마 사원을 부수고 성모 마리아께 봉헌한 성당을 세웠다.

켈하임에서 수도원 가는 길

도보 켈하임에서 도나우강 북쪽을 따라 수도원까지 이르는 약 8km 도보 순례길이 있다. 도나우 나룻배를 이용해 수도원으로 건너가면 된다.

켈하임 ↔ 수도원 유람선(4월~10월)
여름철 매시간, 성수기에는 30분 간격으로 운행한다. 수도원 방향으로 40분, 켈하임 방향 20분 소요. 🌐 schifffahrt-kelheim.de

차량 수도원에서 약 1km 떨어진 곳에 대형 주차장이 있다. 성수기에 셔틀버스를 운행한다.

현재의 세상은 순례의 여정입니다.
다가올 세상이 우리가 도착할 집입니다.

교부 성 아우구스티노(354~430)

D7

한국 교회의 뿌리를 찾아서

#상트오틸리엔 #성오틸리아 #상트오틸리엔연합회 #선교베네딕도회
#성베네딕도회왜관수도원 #투칭 #툿찡포교베네딕도회수녀원
#덕원의순교자 #슈타른베르크 #베른리트 #부흐하임미술관 #베르크

피안의 성소로 가는 길

이번에는 우리 한국 교회와 각별한 인연이 있는 두 곳을 방문해 보자. 뮌헨 도심에서 전철로 쉽게 이동할 수 있는 곳으로 각각 반나절이면 다녀올 만하다.

먼저 소개할 곳은 뮌헨에서 남서쪽으로 약 40킬로미터 떨어진 한적한 마을이다. 이 마을은 20세기 초까지 에밍Emming이라고 불렸다. 지금은 마을 전체가 수도원 단지여서 그 이름을 따 상트 오틸리엔St. Ottilien이라고 불린다.

겔텐도르프Geltendorf 역에 나오면 저 멀리 보이는 넓은 초원에 드문드문 자리한 집들이 한가롭다. 뮌헨에서 오던 방향으로 거꾸로 조금 걷다 보면 오른쪽으로 굴다리를 지나 곧장 뻗은 비포장도로가 나타난다. 우리나라 가로수보다 훨씬 키가 큰 물푸레나무들이 길 양편으로 곧게 뻗어 있는데, 그 길을 걷다 보면 수도원의 실루엣이 서서히 보인다. 이 길은 독일에서 가장 아름다운 숲길 중 하나로 꼽히지만, 최근 기상이변으로 빈번해진 병충해 때문에 일부 나무들이 고사했다. 수도원은 숲을 단풍나무, 보리수 등으로 다시 채우며 단장하는 중이다.

금강산의 이름이 계절마다 다르듯이 수도원으로 가는 물푸레나뭇길의 분위기도 계절에 따라 시시각각 바뀐다. 특히 들판에 안개가 자욱한 아침에 찾아오면, 마치 피안의 성소로 빠져드는 듯한 감각을 느

> **대수도원과 수도원 차이?**
>
> 대수도원은 베네딕도회 등 성 베네딕도 수도규칙을 따르는 수도회에만 붙는 명칭이야.
> 베네딕도회 수도원장인 아빠스가 있는 자치수도원을 아빠스좌 수도원abbatia이라고 해. 아빠스좌 수도원 중 특별한 의미를 지닌 수도원을 대수도원이라고 부르는데, 전 세계에 대수도원은 총 9개뿐이야.

상트 오틸리엔 대수도원 성당과 수도원 마을 수도원 성당은 건축가 한스 슈어(1864~1934)가 맡아 1899년에 완공했다. 수도원에서 진출한 동아프리카의 다르에스살람 대교구의 주교좌성당도 그의 작품이다.

낄 수 있다. 초탈과 구도의 삶을 걷는 수도자들의 발걸음을 머금고 있어서일까. 길 끝에 펼쳐진 넓은 평원에 상트 오틸리엔 대수도원이 자리 잡고 있다. 좀 떨어진 옆 동네 에레징까지 펼쳐진 넓은 밭과 목초지가 전부 수도원 땅이다. 날씨가 좋은 날이면 종탑 너머로 펼쳐진 알프스산맥이 한눈에 들어온다. 눈이 시원해진다는 표현이 딱 들어맞는다.

가까이 다가갈수록 상트 오틸리엔의 중심이자 랜드마크인 75미터 높이의 수도원 성당 종탑이 성큼 다가온다. 마을 어귀에서 건물 사이로 걷다 보면 나도 모르는 사이에 수도원 성당 앞 마당에 서 있다. 그냥 몇몇 건물을 지나 걸어왔을 뿐 정문을 통과하지도 않았던 것 같은데, 언제 수도

상트 오틸리엔 대수도원으로 가는 물푸레나뭇길 100여 년 전 이곳 수도자들은 수도원 주변의 물푸레나무 숲과 광대한 늪지를 밭으로 개간했다. 이 길은 겔텐도르프 역에서 수도원으로 바로 가기 위해 그때 낸 숲길이다.

1 **S4 겔텐도르프 역에서 수도원 가는 길** 뮌헨 도심에서 S4 겔텐도르프행 전철을 타고(50분 소요) 종착역에서 물푸레나뭇길을 따라 걸어가면 된다(25분 소요). 겔텐도르프 역에서 상트 오틸리엔 역으로 가는 기차도 있다. R-Bahn(바일하임Weiheim행) 환승 후 상트 오틸리엔 역 하차(2분 소요).

2 **S-Bahn 안내판** S4 겔텐도르프행 열차가 13분 후, S8 헤어싱행 열차가 18분 후 도착한다고 나와 있다.

3 **상트 오틸리엔 기차역** 수도원이 세워지면서 들어선 역으로, 현재 아우크스부르크와 바일하임 사이 지선 열차가 다닌다.

수도원 마을 상트 오틸리엔 성물방, 피정의 집 등 몇몇 건물만 지나면 곧 성당 앞 분수에 도달한다.

원으로 들어온 것일까? 눈인사를 나눈 독일 할아버지와 청년만 있었을 뿐, 수도복을 입은 수사님들이 보이지 않았다.

   사실 마을 어귀부터 전부 수도원 단지다. 별다른 담이나 경계가 없어서, 여느 유럽의 시골 마을에 들어온 듯하다. 성당 앞마당에서 주변을 둘러보면 수도자의 봉쇄 구역과 방문객 구역이 시각적으로 뚜렷이 구별되는 유럽의 다른 수도원과 확실히 다른 개방감을 느낄 수 있다.

   이곳에는 현재 90여 명의 수도자를 포함한, 평신도 직원, 학생 등 약 600명이 모여 살며 대규모 수도원 단지를 이루고 있다. 수도자들은 맡은 소임대로 수도원에서 운영하는 김나지움, 피정 센터, 도서관, 출판사, 인쇄소, 철공소, 친환경 발전소, 구둣방, 성물방 등 여러 작업장에서 일하며 자급자족한다. 200

상트 오틸리엔의 일상 베네딕도회 수도자의 삶은 '기도하고 일하라'로 표현할 수 있다. 이 말은 중세 후기 "기도하고 일하라, 하느님이 즉시 도우실 것이다"Ora et labora, Deus adest sine mora라는 표현에서 왔다.

헥타르에 달하는 농지와 원예지도 수도자들이 주도해서 경영한다. 수도복을 입은 사람은 문지기 수사와 성물방 수사 등 손님을 맞는 몇몇 수사들뿐이고 대부분 청바지처럼 간편한 복장이라 수도자와 평신도 직원을 구분할 수 없다. 아까 마주친 사람들이 일터로 가는 수도자였을 가능성이 크다.

> **상트 오틸리엔 대수도원 전례**
>
> **주일과 대축일**
> 6:30   독서 기도와 아침기도
> 7:45   미사
> 9:15   미사 콘벤투알리스(가대 미사)
> 11:00 미사(지역공동체 미사)
> 12:00 낮 기도
> 17:30 저녁기도(라틴어)
> 20:00 끝기도
>
> **평일**
> 5:40   독서 기도와 아침기도
> 6:45   미사 콘벤투알리스(수도회 미사)
> 8:00   미사(지역공동체 미사)
> 12:00 낮 기도
> 18:00 저녁기도
> 20:00 끝기도(수요일 19:30)

이곳 수도원에서 사는 사람들은 수도자라는 신분이 그대로일 뿐, 각자가 맡은 소임은 영구적이지 않다. 김나지움 교사가 수도원에서 관할하는 본당 사목을 맡을 수 있고, 해외 수도원에 파견될 수도 있다. 또 성물방 책임자가 피정 센터로 옮겨 갈 수도 있다. 하지만 '기도하고 일하라'Ora et labora라는 성 베네딕도의 가르침대로, 여느 세상 사람들처럼 생계를 위해 일하면서도 수도자로서의 기도 생활을 소홀히 하지 않는다.

오전 5시 15분 예수성심 성당에 모여 아침기도를 하며 하루를 연다. 오

공동 기도 시간의 수도자들 독서 기도와 아침기도, 미사, 낮기도, 저녁기도, 끝기도 하루에 총 다섯 번 모여 기도한다.

전과 오후에 일하고, 기도 시간이 되면 하던 일을 모두 멈추고 성당에 모여 기도한다. 하루에 다섯 번 공동 기도와 노동, 쳇바퀴처럼 도는 일상이지만 이곳 수도자에겐 남다른 소명이 있다. 바로 다양한 사도직과 선교 활동으로 하느님의 영광을 드러내는 것이다.

안으로는 수도자, 밖으로는 선교사

1884년, 독일 보이론 Beuron 베네딕도회 수도원의 안드레아스 암라인 Andreas Amrhein 신부는 선교 활동을 표방하고 해외로 진출하게 될 첫 베네딕도 수도회인 선교 베네딕도회를 창립한다. 상트 오틸리엔 대수도원은 그 수도회의 모원母院이다. 그러니까 선교 베네딕도회는 19세기 말에 창립된 젊은 수도회다.

암라인 신부는 신학생일 때 보이론 베네딕도회 수도원에 입회했다. 중세 유럽 선교의 중추적 역할을 맡아 신앙을 전하고 그리스도교 문화 발전에 앞장섰던 베네딕도회의 활동에 크게 영감을 받았기 때문이다. 19세기 중반 유럽 곳곳에서는 수많

창립자 안드레아스 암라인 신부 (1844~1927) 스위스 태생으로 19세기 말 해외 선교를 소명으로 하는 평수도자 중심의 남녀 베네딕도 수도회를 창립한 선구자다.

은 선교 공동체가 태동해 활동하고 있었다. 그는 베네딕도 수도회 생활과 선교가 조화를 이루는 삶을 꿈꾸며 그 실현 방식을 고민했다. 하지만 기존의 베네딕도회에서는 선교의 소명을 실현하기가 힘들었다. 지금은 선교 수도회가 많지만, 당시에는 관상을 중시하는 수도 생활과 선교라는 사도직 활동을 양립한 전례가 없었다. 게다가 선교 사업에서 사제와 평수사들의 역할을 분담하고 평수사들의 예술 활동으로 선교 비용을 충당하겠다는 선구자적 아이디어는 장상에게 몽상으로 보였다. 한편, 암라인 신부는 여성 수도회를 창립해 여성 수도자들을 선교 활동에 참여하게 하려는 큰 계획도 품고 있었다. 다행히 마우루스 볼터 아빠스의 허락을 받아 베네딕도회 수도자로서 밀 힐, 스테일 선교원에서 활동할 수 있었다. 하지만 수도 소명과 선교 소명을 통합하려면, 결국 선교를 중시하는 새로운 베네딕도 수도회를 창립할 수밖에 없다고 곧 깨달았다.

안드레아스 암라인 신부의 유화 「슬픔의 성모」(1874)와 「성모 발현과 클레르보의 베르나르도」(1876) 암라인 신부는 미술에도 탁월한 재능이 있었기에, 평수사들의 예술 및 공예 작업으로 선교 비용을 충당하자는 아이디어를 낼 수 있었다.

때마침 레겐스부르크 교구로부터 방치된 독일 남동부 지역의 베네딕도회 수도원을 인수해 달라는 제안이 있었다. 드디어 암라인 신부는 1883년 11월, 라이헨바흐에서 선교 베네딕도회의 첫걸음을 내딛는다. 당시 독일은 국가 주도로 수도원을 폐쇄하고 핍박하던 시기였기에, 암라인 신부도 명목상 수도원이 아닌 선교원으로 수도 공동체를 시작해야 했다. 19세기 유럽의 팽창과 더불어 다른 나라 선교회 등이 활발한 활동을 펼치고 있었지만 독일 선교회는 없던 상황이라, 국가로부터 교회 단체 설립을 허가받기 위한 고육지책이었다. 한편으로 암라인 신부는 1884년에 교황청 포교성성, 지금의 복음화부를 통해 선교원에 대한 사도좌의 인준을 청원했다. 마침내 1884년 6월 29일에 레오 13세 교황의 인준과 함께, 1884년 남자 베네딕도 수도회가, 1885년에는 포교 베네딕도 수녀회가 설립되었다. 이로써 성 베네딕도회 총연합 소속 열세 번째 연합회가 탄생한 것이다.

라이헨바흐 수도원(1846년 판화) 1884년에 암라인 신부가 레겐스부르크 교구의 제안에 따라 선교 수도회의 첫 보금자리로 삼았다. 1118년에 설립된 베네딕도회 수도원이었으나 1803년에 독일 정부에 의해 국유화된 뒤 방치되어 폐허에 가까웠다.

상트 오틸리엔 수도원(1925년도 엽서) 수도원 초창기에 아우크스부르크 교구와 에레징 본당으로부터 큰 도움을 받았다.

    교회의 공식적 인가 후에도 라이헨바흐 선교원의 길은 순탄하지 않았다. 레겐스부르크 교구장이었던 제네스트레이 주교가 저돌적으로 수도회를 설립한 암라인 신부를 교회 전통에서 벗어난 독불장군으로 여기고 의심의 눈초리를 감추지 않았기 때문이다. 결국 암라인 신부는 수도원 이전을 결심하고, 1887년에 라이헨바흐보다 입지적 조건이 나은 오버바이에른의 옛 에밍성(城)인 농장을 매입해 이주한다. 에밍성에는 성 오틸리아에게 봉헌된 작은 순례 소성당이 있었다. 시각장애인의 수호성인인 성 오틸리아와 영적으로 눈먼 비그리스도인들에게 구원의 빛을 전한다는 수도회의 이상이 너무나도 잘 맞아떨어졌다. 그 뜻을 담아 수도자들은 동네 이름을 에밍에서 상트 오틸리엔으로 바꾸었다.

    상트 오틸리엔 남녀 수도회는 빠르게 발전한다. 그 과정에서 아우크스부르크 교구장의 호의와 에레징 본당신부의 협조도 컸다. 그들은 공소였던 오틸리아 소성당을 수도회가 영구적으로 쓸 수 있도록 해 줬고, 재정 지원도 아끼지 않았다. 1887년, 상트 오틸리엔 수도원은 첫 선교사를 동아프리카에 파견하고

오틸리아 소성당과 제대 에밍성의 소성당으로 수도원 성당을 지을 때까지 임시로 수도원 성당이었다. 성 오틸리아는 7세기 알자스 귀족 출신으로 수도원을 설립하고 가난한 이들을 돌보며 헌신한 이다. 태어날 때부터 눈이 멀었으나 12세 때 하느님의 계시를 받고 온 레겐스부르크의 주교 성 에르하르도에게 세례를 받는 순간 시력을 되찾았다. 제대 중앙에 성 오틸리아와 성인의 상징인 책, 잔, 눈이 함께 장식되어 있다.

선교 잡지 「선교 소식」Missionsblätter, 청소년 잡지 「이교도 아이」Heidenkind를 펴내며, 선교 수도회로서 본격적으로 발걸음을 내딛는다. 1902년, 수도원이 아빠스를 둔 원장좌 수도원으로 승격됐고, 곧 세 곳의 원장좌 수도원이 더 설립되었다. 1914년에는 이들 수도원의 연합인 오틸리엔 연합회의 모원으로서 대수도원으로 승격되었다.

상트 오틸리엔 수도원 총아빠스 문장 성 오틸리아가 세례로 눈을 뜨는 모티프에서 착안해 복음에 "눈 먼 이들에게 빛을"Lumen Caesis을 수도회의 모토로 삼았다.

140년이 넘는 세월 동안 상트 오틸리엔 대수도원은 오늘날의 광범위한 수도원 단지로 발전해 왔다. 선교 베네딕도회 수도자는 이곳뿐 아니라 독일 빙겐에 야콥스베르크Jakobsberg 수도원, 스페인의 산티아고 데 콤포스텔라로 가는 순례길에 있는 몬테 이라고Monte Irago 수도원 등 여러 수도원에서 선교 소임을 맡아 활동하고 있다.

예수성심 수도원 성당 풍부한 채광으로 낮에는 조명이 따로 필요 없다. 기둥에 새겨진 구약과 고대 후기 예언자 부조는 그리스도의 강생과 구원에 대한 사람의 갈망을 드러내며, 순교자로 장식된 제대로 나가는 바닥은 선지자와 예언자의 길이라고 부르는데, 선교 베네딕도회의 소명을 상징한다.

한국과 연이 맞닿은 예수성심 수도원 성당

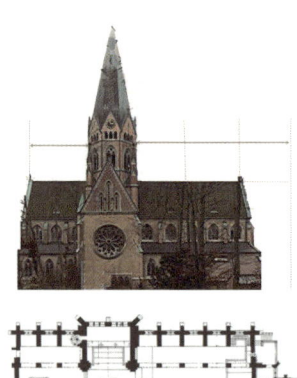

상트 오틸리엔 수도원 성당 기본도 회중석의 공간이 지금보다 한두 궁륭의 길이만큼 더 나오는 게 자연스럽다.

이제 수도원 성당을 시작으로 수도원 경내를 찬찬히 둘러보자. 수도원 성당은 전형적인 베네딕도회·시토회 성당의 모습이다. 소박하지만 단아한 느낌을 주는 삼랑 구조의 네오고딕 양식으로 지어졌다.

성당 안은 본랑 상단의 넓은 창과 측랑의 스테인드글라스를 통해 들어온 빛으로 인해 매우 환하다. 전체적으로 밝게 칠해진 회벽이 밝기를 한층 더한다. 거대한 장미형 스테인드글라스로 들어온 빛에 눈이 부시기까지 하다.

장미형 스테인드글라스와 주님 탄생 예고 스테인드글라스 1899년 가대석 뒤편에 처음 설치되었다

선교 베네딕도회의 모토 '눈먼 이에게 빛을' 성 오틸리아의 생애를 주제로 한 스테인드글라스 상단부. 1908년에 설치됐다.

 스테인드글라스에는 예수 그리스도의 생애와 열두 사도, 성경 속 이야기, 성 베네딕도, 성 오틸리아의 생애 등의 주제가 형상화되어 있다. 성당을 지은 뒤 본당 내부를 장식하면서 하나씩 설치해 나간 것이다.

 의외로 신자들이 앉는 회중석이 크지 않아 성당 입구에서 제대가 가깝게 느껴진다. 제대 양쪽의 가대석에 앉는 수도자의 수와 회중석에 앉는 일반 신자들의 수가 비슷할 정도다. 밖에서 수도원의 높은 종탑에 비해 성당이 약간 몽땅하다고 느낀 이유가 여기 있었다. 1897년부터 수도원 성당 공사가 시작됐는데, 회중석을 크게 짓지 않은 이유는 협력을 아끼지 않았던 아우크스부르크 교구와 에레징 본당의 사목 활동을 존중하기 위해서였다. 성당은 1899년에 완공되었지만, 1902년 아빠스좌 수도원으로 승격된 후인 1903년 6월 29일에야 성전 봉헌식이 성대하게 거행됐다.

제대 아래 성 김대건 동상, 성 카를 르왕가 동상, 성해함 제대의 네 귀퉁이에 선교 베네딕도회의 지향과 활동을 드러내는 두 성인과 성 오틸리아, 성 보니파시오의 동상이 차례로 서 있다. 제대 밑 청동 창살 안으로 기와집 모양의 유해함이 보이는데, 성 오틸리아와 성 김대건 안드레아 신부의 성해가 모셔져 있다.

제단 가까이 다가가면 주 제대 아래 익숙한 얼굴이 눈에 띈다. 최초의 한국인 신부인 성 김대건(1821~1846)의 동상이 제대의 왼편 모퉁이에 서 있다. 오른편에는 아프리카의 순교자인 르완다의 성 카를 르왕가, 뒤 모퉁이에는 수도원의 수호성인인 성 오틸리아, 독일 지역에 처음 복음을 전한 성 보니파시오의 동상이 차례로 서 있다. 전례 때마다 네 분 성인의 선교 정신을 상기하면서 수도회의 사명을 고취하기 위해 제대를 이렇게 구성했다.

19세기 말에 생긴 독일 시골의 수도회가 어떻게 고요한 아침의 나라와 인연이 닿게 됐을까? 오틸리엔 수도자들이 한국까지 온 것은 우연과 필연이 겹친 결과였다. 1908년 9월 15일, 폭우가 쏟아지던 밤이었다. 수염이 흠뻑 젖은 고위 성직자가 수도원 정문을 쾅쾅 두드렸다. 제8대 조선대목구장 뮈텔 주교였다. 뮈텔 주교는 한국 신자들을 계몽하기 위해 고등교육기관을 설립하려 했다. 당시 가톨릭 학교는 신교 신자들과 비신자들까지 교사로 채용할 만큼 학생들을 가르칠

파리외방전교회?

프랑스 선교회로 선교 베네딕도회가 한국에 진출하기 전까지 가톨릭 유일의 선교 단체야. 1658년 교황청 직속으로 생겼어.
우리나라 초대 대목구장인 브뤼기에르 주교, 모방 신부, 앵베르 주교, 샤스탕 신부 모두 파리외방전교회 소속 선교사지. 박해 때 우리 선조들과 함께 순교하며 신앙을 증거했어.

상트 오틸리엔 역에 도착하는 기차와 상트 오틸레엔 수도원의 초대 아빠스 1908년 9월 15일, 뮈텔 주교는 이 열차로 상트 오틸리엔으로 와 노르베르트 베버 아빠스(1870~1956)를 만나 선교사 파견을 부탁했다. 상트 오틸리엔 역은 1898년 여름에 처음 개설되어 지금까지 수도원을 위해 운영되는 유일한 역이다.

고급 인력이 부족했다. 신교 연합에 의해 관리되던 고등교육 시설은 이미 22개였지만, 가톨릭은 신학교를 제외하고 어떠한 고등교육기관도 없었다.

파리외방전교회 소속의 뮈텔 주교는 이에 적합한 수도회를 찾기 위해 6개월 동안 프랑스와 로마의 여러 수도회를 방문했지만, 인력 부족 등 이유로 번번이 거절당했다. 그러던 찰나 로마 포교성성 장관 고티 추기경에게 독일에 해외 선교를 위한 베네딕도회가 있다는 이야기를 들었다. 뮈텔 주교는 희망을 품고 즉시 상트 오틸리엔의 아빠스에게 한국 진출을 요청하는 편지를 보냈다.

당시 상트 오틸리엔은 동아프리카 선교지에 집중하느라 여력이 없는 상황이었다. 노르베르트 베버 아빠스는 정중하게 거절의 편지를 보냈지만, 뮈텔 주교는 답신을 받기도 전에 이미 독일행 기차에 올라 알프스를 넘어 상트 오틸리엔으로 향하는 중이었다.

뮈텔 주교의 간곡한 설득에 노르베르트 베버 아빠스는 하루 만에 동아시아 선교를 결정하고 이듬해 1월 11일, 선교사 두 명을 선발대로 한국에 파견한다. 한국에서 베네딕도회의 역사가 시작되는 순간이었고 남자 수도회가 처음으로 한국 땅에 공동체를 마련하는 서막이기도 했다. 상트 오틸리엔과 한국과의 인연은 그렇게 시작됐다.

상트 오틸리엔 탐방

성당을 나와서 성당에 붙어 있는 왼쪽 건물이 수도자들의 생활 공간인 봉쇄 구역clausura이다. 수도원 현관에 문지기 수사님이 늘 방문객을 반갑게 맞이하고 있다. 그 건물 지하에 있는 선교 박물관, 오틸리아 소성당, 수도원 묘지는 꼭 들를 것.

수도원 주변에는 아름다운 산책길이 무척 많고 표지판도 잘 되어 있다. 수도원에 며칠 묵는다면 수도원에서 자전거를 빌려 근처 암머호까지 다녀올 만하다.

수도원 수부 초창기에는 반대편 역 방향으로 수부가 있었다.
매일 7:00~20:30
Tel. 0 81 93 - 71 0

선교 박물관 동아프리카, 아시아로 파견된 선교사들이 후배 선교사들을 위해 보낸 선교지의 문화, 생활 관련 물품, 동식물이 전시되어 있다. 2020년, 우리나라 문화재청과 협력하여 새로 단장했다.

피정의 집 및 손님 숙소 손님들의 묵상과 피정, 세미나를 위한 공간으로 단체뿐 아니라 개인도 프로그램 신청을 할 수 있다.

재봉틀 박물관 1866년부터 현재까지 전 세계 380점 재봉틀이 전시되어 있다. 연중 수도원 일과 시간에 관람 가능.

평화의 분수 분수 가운데는 예수 그리스도, 그 뒤는 성 베네딕도와 성 오틸리아 동상이다. 복음 전파로 그리스도의 평화를 이 세상에 가져오려는 선교 수도회의 발걸음을 드러낸다. 붉은 사암은 성인의 고향인 알자스를 상징한다.

라바누스-마우루스 김나지움 아우크스부르크 교구 재단의 인문계 김나지움으로 바이에른 최고 명문 김나지움 중 하나다.

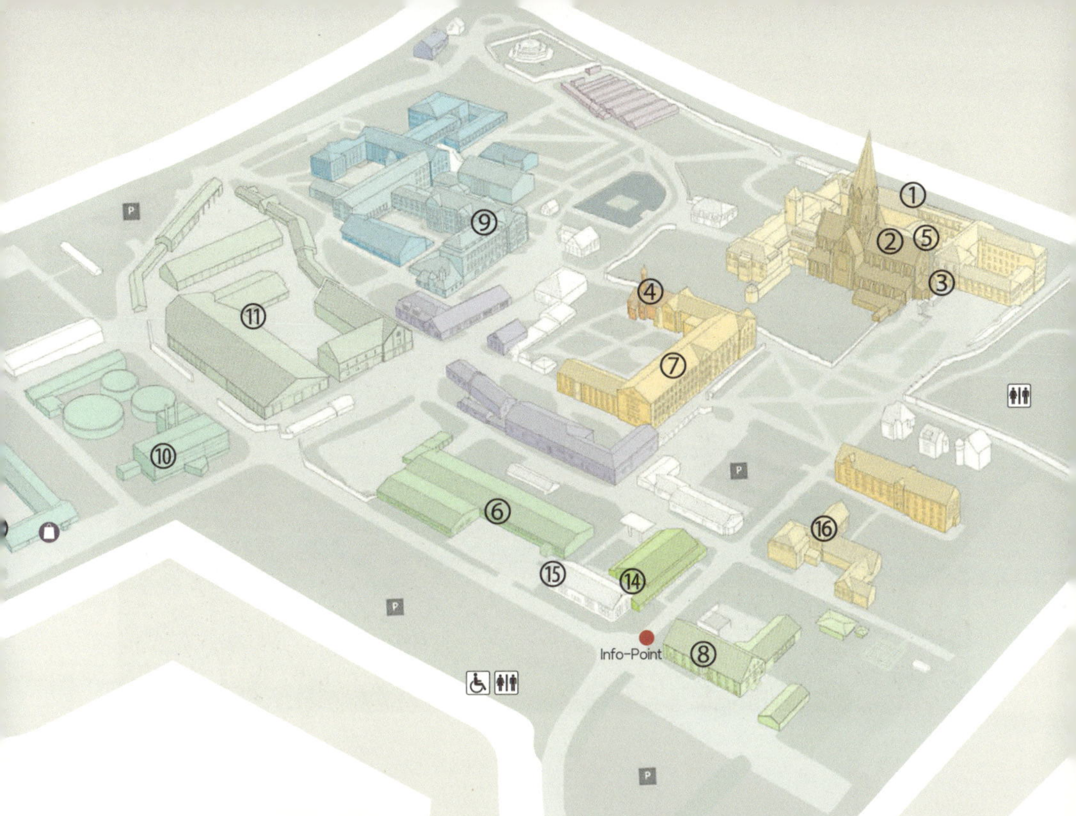

수도원 성물방과 갤러리 이곳 수도원과 다른 수도원의 도서, 성물, 리큐어 등을 구매할 수 있다. 소규모 강연 등 문화 공간으로도 쓰인다.
월~금 10:00~17:00
토 10:00~16:00(점심시간 휴식)
주일과 대축일 10:30~16:00

수도원 공동묘지 옛 켈트족의 무덤이 있던 언덕으로 1887년 수도자들이 이곳에 정착했을 때 해골산이라고 불렀다. 창립자 암라인 신부는 이곳을 팔각형 형태 묘지에 3단 테라스가 있는 수도원 묘지로 바꿨고, 1997년에 담장을 두르면서 새로 단장했다. 묘지의 십자가 장식은 저마다 평소 수도자의 소임을 드러낸다.

① 수도원 건물 ② 수도원 성당
③ 수도원 현관 ④ 오틸리아 소성당
⑤ 선교 박물관 ⑥ 수도원 출판사 EOS
⑦ 피정의 집 및 손님 숙소
⑧ 에밍어호프와 비어가르텐
⑨ 라바누스-마우루스 김나지움과 돌봄 센터
⑩ 발전소 ⑪ 농장 ⑫ 양계장과 농산물 판매점
⑬ 상트 오틸리엔 역 ⑭ 수도원 성물방과 카페
⑮ 오틸리아 연합회 선교총국 ⑯ 재봉틀 박물관

또 하나의 선교 베네딕도회를 찾아서

오틸리아 소성당 옆 담장을 따라 내려가면 넓은 연못과 그 너머 수도원에서 운영하는 김나지움이 있다. 옆에 있는 주간 돌봄 센터가 초창기 상트 오틸리엔의 수녀들이 생활하던 '장크트 카타리나 수녀원'이다. 그러니까 한국에 진출해 있는 '툿찡 포교 베네딕도 수녀회'의 옛 모원母院 건물이다.

라바누스-마우르스 김나지움 주간 돌봄 센터 수녀회가 툿칭으로 이전할 때까지 사용하던 수녀원 건물이었다.

수녀원이 여기서 40여 분 떨어진 슈타른베르크호 휴양도시인 투칭^{Tutzing}으로 이전하기 전에는 선교 베네딕도회 두 남녀 공동체가 한마을에 같이 있었다. 당시에는 남녀 수도 공동체가 서로 동선이 겹치지 않도록 각자 활동 구역에 담장을 둘렀다. 지금 담

슈타른베르크호의 투칭 742년에 이곳을 베네딕트보이에른 수도원에 기증한다는 내용이 문서에 처음 언급됐다. 1865년에 뮌헨과 철도가 연결되면서 발전했다. 주말에 독일 고속철도(ICE)가 정차한다.

장에서 그때 경계를 어렴풋이 짐작할 수 있다.

수녀원은 왜 상트 오틸리엔을 떠나 투칭으로 이전했을까? 사실 상트 오틸리엔처럼 남녀 수도 공동체가 서로 분리해 생활하되 한 장상에게 공동으로 지도를 받으며 사는 '이중 수도원' 생활 방식은 제2차 니케아공의회(787) 때 금지됐다. 그러나 유럽 선교라는 특수한 상황 때문에 12세기까지 독일, 이탈리아, 프랑스에 여전히 통용됐다. 하지만 교회 지도자들은 남녀 수도자가 공간적으로 가까이 있는 것을 탐탁지 않게 여겼고, 이중 수도원은 중세 말 거의 사라지게 된다. 상트 오틸리엔도 그런 곱지 않은 시선을 받았지만, 수녀원 이전의 결정적인 이유는 남녀 수도회의 급격한 발전 때문이었다.

암라인 신부는 1885년 독일 북부 뮌스터에서 열린 독일 가톨릭 신자 대회에 참석해 선교 베네딕도회를 소개하고 홍보했다. 이를 계기로 여성 네 명이 선교회에 합류한다. 이들은 원래 인도로 가서 의료 봉사의 삶을 살 계획이었지만 여성도 선교 수도 소명에 동참할 수 있다는 암라인 신부의 비전에 감화되어 라

툿찡 포교 베네딕도 수녀원과 피정의 집 '툿찡 포교 베네딕도 수녀회'의 옛 모원이다. 상트 오틸리엔의 오랜 후원자인 링자이스 자매가 기증한 별장과 부지에 1903~1904년 역사주의 건축 양식의 새 수녀원을 세웠다. 1970년에 수녀회 총원을 로마로 옮긴 뒤, 수녀원이 운영하는 투칭 종합병원으로 쓰고 있다.

이헨바흐로 왔다. 하지만 그들은 정식 수도자 신분은 아니었다.

당시 선교 베네딕도회가 낯선 구상이었듯이 선교 베네딕도회 수녀도 교회법상 신분 규정이 모호했다. 수녀가 외부로 나와 선교한다는 건 언감생심이었다. 지금처럼 성당에 나와 사목 활동을 돕는 수녀님을 쉽게 볼 수 있는 시대가 아니었다. 수녀들은 간이 의원을 운영하며 묵묵히 남성 수도자들을 지원했다. 그들은 암라인 신부의 지도를 받으며 베네딕도회다운 전례와 수도 생활의 기틀을 다지며 선교의 꿈을 키웠다. 1887년에 에밍으로 수도원을 옮길 때 여성 공동체도 같이 이주했다. 이후 해외 선교에도 함께 나가 1889년, 아프리카 선교지 푸구Pugu에서 일어난 폭동 때 같이 순교하기도 했다. 이들 순교가 기폭제가 되어 더 많은 남녀 젊은이가 수도원에 입회했다. 말하자면 세기말 독일 젊은이의 신심이 선교로 폭발한 셈이었다. 1896년 초에는 사제 16명, 성직 수사 13명, 평수사 46명, 수녀 71명 등 150명이 넘는 수도자가 상트 오틸리엔에서 살았다. 일찍부터 수녀들은 공간 부족 등의 이유로 새로운 수녀원을 찾아야 했는데 최종적으로 선택한

수사면 다 똑같은 수사 아니었나요?

제2차 바티칸공의회 전에는 그러지 않았어.
성직의 지위인 사제품, 부제품을 받았느냐, 받지 않았느냐에 따라 성직수사, 즉 수사신부와 평수사로 구분했지. 두 지위 간에는 권한과 책임의 차이가 컸고, 식사도 따로 하고 숙소도 달랐어. 평수사, 수녀가 선교에 나선다는 암라인 신부의 비전이 얼마나 선구자적이었는지 알 수 있지.

장소가 뮌헨 남쪽의 투칭이었다.

투칭에는 이미 1887년부터 후원자의 가족 별장을 이용해 유치원을 운영하던 수녀 공동체가 있었다. 1900년에 선교 베네딕도회 수녀 공동체는 레오 13세의 교령으로 정식 수도회로 인정받았고, 베네딕도회 '수도자이면서 선교사'라는 정체성을 확립했다. 1903년, 상트 오틸리엔의 수녀 공동체는 '툿찡 포교 베네딕도 수녀회'라는 이름으로 독일 정부의 승인을 받은 뒤, 1904년에 새로운 보금자리인 툿찡 수녀원으로 옮겼다.

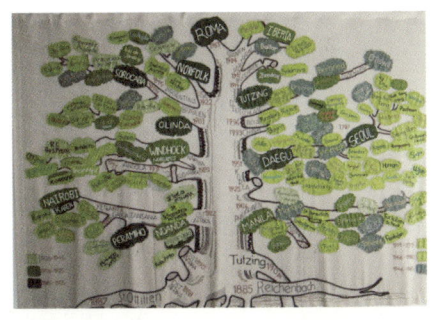

연합회 트리 툿찡 포교 베네딕도 수녀회는 1924년에 교황청 소속 수녀회로 승격했다. 4개 대륙 18개국에 수녀원이 있고, 총원은 로마에 있다. 2018년에 한국인 최초로 서 마오로 수녀가 제13대 총장으로 선출됐다.

툿찡 포교 베네딕도 수녀회에게 이 일은 모원의 이주만을 의미하지 않았다. 드디어 상트 오틸리엔 남자 수도회에서 완전히 자립한 것이다. 물론 상트 오틸리엔 남성 수도자들과 계속 연대하고 협력했지만, 여성의 관점에서 선교 소명을 본격적으로 펼쳐 나갈 수 있게 됐다. 수녀회는 1903년 브라질을 시작으로 남아프리카, 한국, 필리핀 등에 선교원을 설립하며 전 세계에 진출했고, 2025년은 한국 진출 100주년이 되는 해다.

> **TIP**
>
> **툿찡 수녀원 옛 모원으로 가는 길**
>
> **상트 오틸리엔에서 가는 법**
> 상트 오틸리엔 역 → 바일하임 역(RB67 바일하임/숀가우행, 32분) → 투칭 역(RB 65 뮌헨행, 10분)
>
> **뮌헨에서 가는 법**
> S-Bahn S6 투칭 행(1시간)
> *차로 이동한다면 상트 오틸리엔, 안덱스, 투칭을 쭉 돌아보는 코스도 가능하다.
>
> **투칭 마리아 힐프 수녀원 손님 숙소**
> 마리아 힐프 수녀원 건물은 1904년 모원을 이곳으로 옮기기 전 수녀들이 생활했던 건물로 툿찡 포교 베네딕도회 수녀원 중 가장 오래된 건물이다. 2007년부터 객실 24실을 갖춘 손님 숙소로 개축해서 개인과 단체 피정 등의 용도로 쓰고 있다.
>
> 📍 Bahnhofstraße 3, D-82327 Tutzing
> 📞 08158-92597-0(대표)
> @ gaestehaus@missions-benediktinerinnen.de

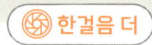

더 어려운 이웃에 손을 내민
독일 상트 오틸리엔 수도원

서울 **백동수도원** 수도원 부지에 직업학교를 건립 중인 모습이다. 학교 이름은 '기도하고[崇] 일하라[工]'는 베네딕도회 영성 이념에 따라 '숭공'으로 정했다. 저 뒤로 혜화문(좌)과 수도원(우)이 보인다. 지금 이곳에는 서울 혜화동 성당, 동성 중고등학교, 서울 가톨릭 신학교가 자리하고 있다.

선교 베네딕도회 수도자들이 조선대목구장 뮈텔 주교의 요청으로 한국에 첫발을 내디딘 것은 1909년 2월 25일이었다. 선발대로 온 상트 오틸리엔 본원 당가였던 도미니코 엔스호프 신부와 딜링겐 수도원의 보니파시오 사우어 원장 신부는 한국 선교에 무엇이 필요한지 찬찬히 살펴본 뒤 신속히 행동으로 옮겼다. 결단을 내리면 과감히 행동으로 옮기는 것은 창립자에게서 전해진 전통인지도 모른다.

한국 최초의 남자 수도원

수도자들은 그해 겨울에 지금 혜화동 성당 자리인 백동에 한국 가톨릭교회 최초로 남자 수도원 건물을 지었다. 이듬해인 1910년에는 수도원 부지에 독일식 수공업 기술을 가르치는 직업학교인 숭공학교, 1911년에는 교사를 양성하는 숭신학교가 설립되었다. 모두 미래의 성소자를 위한 선교이자 투자였다. 숭신학교는 한국인 교사 양성을 방해하는 일제의 탄압으로 2년 만에 문을 닫았지만, 숭공학교는 대장간, 목공소, 철공소를 갖춘 명실상부 한국 최고의 기술학교로 발전했다. 백동수도원은 1913년 아빠스좌 수도원으로 승격되었고, 보니파시오 사우어 원장 신부(한국명: 신상원 보니파시오 1877~1950)가

초대 아빠스로 선출됐다. 1914년에는 숭공학교 출신 중 세 명이 수도원에 입회하면서 수도회의 뿌리가 좀 더 깊어졌다.

북녘땅의 선교에 나서다

숭공학교 목공부 학생들(좌) 독일 상트 오틸리엔 수도원 원조로 목공소를 지어서 당시 성당에서 주문받은 제대와 촛대, 세례대 등을 제작했다.
명동 대성당 강론대 천개(우) 당시 경성대목구장 뮈텔 주교 주교수품 25주년을 축하하기 위해 숭공학교 목공부에서 '깜짝 선물'로 제작했다. 1979년 강론대 윗부분인 천개만 상징적으로 남기고 철거해 일부 자재는 혜화동 성당 독서대로 만들었고, 계단 일부는 왜관수도원에 보존되어 있다.

1920년 8월 교황청은 함경도에 원산대목구를 설정해 한국에 들어온 지 11년밖에 되지 않은 백동수도원에 자치를 맡긴다. 이듬해 신상원 아빠스는 원산대목구장으로서 주교 아빠스로 서임됐다. 서울, 대구대목구에 이어 한국 천주교회의 세 번째 가지였고, 수도회는 함경도뿐 아니라 만주의 본당 사목까지 맡아 광활한 선교지를 관할하게 됐다. 이런 결정에는 베네딕도회 수도원이라면 신앙이 척박한 땅에서도 뿌리를 내리고 발전할 수 있으리라는 교황청과 뮈텔 주교의 믿음도 있었으리라. 주일 교황사절 피에트로 푸마소니 비온디 대주교는 "여러분이 서울에서 할 수 있는 일이라면, 원산에서는 더 훌륭하게 이룰 수 있습니다"라고 격려했다.

선교지 본당 사목은 기회이자 도전이었다. 익숙해진 서울을 떠나 낯선 불모지로 간다는 걸 좋아할 사람이 누가 있을까. 그럼에도 일단 결정을 내린 뒤 선교 베네딕도회는

덕원 수도원과 덕원 신학교 1922년부터 원산 시내에서 4km 떨어진 대지를 매입하고 수도원 건물을 짓기 시작했다. 4층 건물 가운데 1층이 완공되자 1927년 10월 10일부터 이전을 시작하여 11월 17일 수도원을 완전히 이전했다.

1921년부터 차곡차곡 이전을 준비했다. 먼저 11월에 원산대목구 신학교를 개교하여 미래의 조선인 선교 사제 양성을 시작했다. 또 1922년부터 덕원에 새로운 수도원 건설 공사를 시작하여 1927년 11월에 수도원, 12월에 신학교를 완공한 뒤 이주했다. 덕원 신학교에서는 원산, 연길, 평양 교구의 신학생들이 함께 공부했는데, 지학순, 김남수, 윤공희 주교가 이 학교 출신이다. 1942년 일제에 의해 서울과 대구 신학교가 폐쇄되며 그곳 신학생들도 덕원 신학교로 옮겨 오게 된다.

신상원 보니파시오 주교 아빠스는 원산 지역 어린이와 여성의 복음화를 위해 툿찡 포교 베네딕도 수녀회에 선교사 파견을 요청했다. 이에 1925년 네 명의 수녀가 파견되어 3개월의 항해 끝에 11월 21일에 원산에 도착한다. 샬트르 성 바오로 수녀회 다음으로 한국에 두 번째 수녀회가 들어온 것이다. 수녀들은 덕원 수도원에서 관할하는 본당, 유치원, 학교, 무료 시약소 등에서 활동했고, 이를 보고 많은 여성이 수녀원에 입회했다. 1927년 12월 8일에 원산 수녀원은 정식 수녀원으로 승격된다.

덕원의 순교자들

해방 후 북녘땅은 침묵의 교회로 변모해 갔다. 공산 정권은 '친일파 청산과 토지개혁'이라는 명분 아래 종교 말살을 시작했고, 첫 번째 표적은 수도원과 성당, 신학교, 농장, 병원 등 수백 헥타르의 토지를 소유한 덕원 수도원과 함흥대목구였다.

북한 당국은 1948년 12월 1일에 덕원 수도원 재정 담당 다고베르토 엥크 신부를 포도주 불법 제조 및 탈세 혐의로 체포한 것을 시작으로, 1949년 5월 8~9일 신상원 보니파시오 사우어 주교 아빠스를 비롯한 독일인 수도자 34명과 한국인 신부 4명을 체포하고, 한국인 신학생과 수도자 등 99명을 추방했다. 동시에 수도원에 딸린 모든 건물과 땅을 몰수했다. 이로써 덕원 자치수도원구와 함흥대목구는 폐쇄됐다.

사우어 주교 아빠스를 비롯한 독일인 성직자, 수도자 67명은 평양과 함흥 등의 인민교화소에 갇혔다가 '옥사독 강제수용소'로 이송됐다. 6·25전쟁 중 '죽음의 행진'을 겪으면서 사우어 주교를 비롯한 독일인 남녀 수도자 25명이 순교했다. 또 김치호 신부 등 한국인 신부 11명과 한국인 수녀 2명도 함께 순교했다. 다행히 후일을 기약하기 위해 미리 월남했던 남녀 수도자들이 있었다. 이들은 부산으로 피

상트 오틸리엔 수도원 성당의 '덕원의 순교자' 추모판 공산 정권에 의해 목숨을 잃은 보니파시오 사우어 주교 아빠스를 비롯해 덕원, 연길 수도원, 원산 수녀원 소속 수도자들과 여기서 파견된 함흥대목구, 연길대목구 소속 사제들을 덕원의 순교자라고 부른다. 이들 하느님의 종 38위의 시복, 시성을 2007년부터 추진 중이다.

난 왔다가 전쟁이 끝난 뒤 왜관과 대구에서 새로 활동을 시작했다. 등걸에서 새순이 자라듯 독일 선교사들이 뿌린 겨자씨가 신자들이 와서 쉴 수 있는 커다란 나무가 됐다. 왜관수도원은 순심 남녀 중고등학교와 분도출판사, 문화영성센터, 목공소, 금속 공예실, 유리 공예실 등을 운영하며 교육, 미디어 선교를 펼치고 있다. 1987년 남양주에 성요셉 수도원을 설립했고, 2001년부터는 미국 뉴튼 수도원을 맡아 운영하고 있다. 현재 왜관수도원과 서울, 부산, 화순, 뉴튼 수도원에 수도자 130여 명이 생활하고 있다. 대구 수녀원도 1987년에 서울 수녀원을 설립하며 뿌리를 내렸고, 2023년 현재 128명의 수녀들이 본원과 13개의 분원에서 복음을 선포하고 있다. 모두가 선교 소명을 잊지 않고 베네딕도 성인의 규칙에 따라 살고 있다.

슈타른베르크 호수의 숨은 진주들

> 뮌헨 중앙역/마리엔플라츠 → 슈타른베르크 → 펠다핑 → 투칭(S6): 1시간
> 투칭 → 베른리트 → 제하웁트(RB66): 5~10분(30분 간격 운행)

슈타른베르크Starnberg 호수는 뮌헨에서 남서쪽으로 25킬로미터 떨어진 호수이다. 면적이 약 57제곱킬로미터, 남북 방향으로 길이가 약 20킬로미터, 동서 폭 약 5킬로미터, 해안선 길이 약 49킬로미터로 독일에서 다섯 번째의 크기를 자랑한다. 평균 수심이 깊어 수량도 두 번째로 풍부하다. 가장 깊은 곳은 127미터가 넘는다. 뷔름강의 발원지여서 1962년까지 뷔름 호수라고 불렀다. 호수 곳곳에 왕과 귀족들의 성이 많아 '성의 호수'라고도 불렸다. 골프, 요트, 사이클 등 레포츠를 즐기러 오는 이들로 레저와 휴양의 성지다. 겨울에도 휴양객들이 호텔이나 휴가용 아파트 등에 묵으면서 뮌헨 도심을 구경하거나 가까운 거리의 스키장을 다녀오곤 한다.

관광객 덕분에 이 지역은 독일에서 1인당 연간 소득이 33,000유로로 가장 높은 곳이고 기대 수명도 가장 높다. 그래서 독일에서 노년에 은퇴하면 살고 싶은 휴양지 상위권에 들어간다. 민간 병원과 요양 시설이 곳곳에 있으며, 장·단기 숙박 시설도 잘 갖춰져 있다.

슈타른베르크호의 관문 도시 슈타른베르크 암 제

슈타른베르크성

원래 방어용 요새였으나 15세기 비텔스바흐 왕가의 여름 거주지로 변모했다. 지금은 세무서로 쓰고 있다. 입구에 있는 장크트 요제프 소성당의 제대를 놓치지 말자. 바이에른 로코코의 대가 이그나츠 귄터가 만들었다.

호수에서 바라본 슈타른베르크성(위) 성의 정원(아래 좌) 장크트 요제프 소성당의 제대(아래 우)

베른리트 수녀원과 부흐하임 미술관

옛 아우구스티노회 의전사제단 수도원으로 툿찡 포교 베네딕도 수녀회에서 인수한 뒤 수련자들의 교육 수녀원으로 사용했다. 현재 손님 환대를 중시하는 베네딕도회 정신에 따라 개인·단체를 위한 장크트 마르틴 교육 센터로 쓰고 있다. 역에서 내려 호숫가로 5분 걸어가면 된다.

미술 애호가라면 호숫가에 있는 부흐하임 미술관의 독일 표현주의 화가들의 작품을 놓치면 아쉽다. 수녀원에서 도보로 10분 거리이다. 귄터 베니시가 건축한 부흐하임 미술관은 넓은 공원과 호수가 어우러져 미술관 자체가 하나의 작품처럼 보인다. 간단히 미술관 카페에 앉아 커피 한잔도 추천. 호수를 따라 더 걸어가면 회엔리트성이 나온다.

📍 Am Hirschgarten 1, D-82347 Bernried am Starnberger See

베른리트 장크트 마르틴 교육 센터(좌)와 장크트 마르틴 성당(우) 옛 아우구스티노회 수도원 성당이었던 성 마르틴 성당은 현재 베른리트 본당으로 쓰고 있다.

부흐하임 미술관 영화 「특전 U보트」의 작가 로타르 귄터 부흐하임이 개인 수집품과 미술품을 전시하기 위해 설립했다. 판타지 미술관으로도 불린다.

에른스트 루트비히 키르히너 「산풍경」 (1931) 키르히너 등 독일의 표현주의 작가들의 작품이 주로 전시되어 있다.

베르크성과 봉헌 소성당

비텔스바흐 왕가의 전성기에 뮌헨 궁정 전체가 슈타른베르크성에서 며칠 머물며 바다 축제와 사냥에 참여했다. 왕과 귀족이 탄 선단의 목적지가 베르크성과 포센호펜이었다. 베르크성은 이탈리아 빌라 스타일로 1640년에 건축한 성이다. 동화의 왕으로 알려진 루트비히 2세의 별장이자 여름 집무실이었다. 왕이 죽은 뒤 박물관으로 쓰고 있다. 성이 사유지에 있어서 제대로 둘러볼 수 없지만, 호숫가 산책로를 따라 15분만 더 걸어가면 그곳에서 비극적으로 삶을 마감한 루트비히 2세를 기리는 소성당과 십자가가 있다. 해 질 무렵이 방문하기에 최적의 타이밍이다. 호숫가 카페테라스에 앉아서 바라보는 저녁놀은 잊기 힘든 기억이 될 것이다.

📍 Schloss Berg, D-82335 Berg

베르크성 슈타른베르크 역이나 슈타른베르크 노르트 역에서 대중교통(버스 X970, 961, 975 승차 후 Berg, Grafstr. 하차 후 도보로 15분)으로 갈 수 있지만, 택시를 타는 게 좋다. 스트란트호텔 베르크 Strandhotel Berg로 가자고 하면 된다.

루트비히 2세 기념 소성당(좌)와 추모 십자가(우) 왕의 시신이 발견된 호숫가에 네오로마네스크 양식의 기념 소성당과 추모 십자가를 세웠다.

사진 출처

빛의 그루터기
에탈 수도원 © 4kclips / Shutterstock
벨텐부르크 수도원 © Deutschland Abgelichtet / Shutterstock
알퇴팅 카펠플라츠 ©Heiner Heine / Altötting
독일 뮌헨과 알프스 ©engel.ac / Shutterstock
도나우강과 레겐스부르크 구시가지 ©Frank Wagner / Shutterstock
베네딕트보이에른 ©FooTToo / Shutterstock
에탈 수도원 ©4kclips / Shutterstock
상트 오틸리엔 수도원 ©Erzabtei St. Ottilien

01 뮌헨 도심 속 빛을 찾아서
뮌헨 신시청사 ©engel.ac / Shutterstock
성모 마리아 기둥의 네 천사 ©Paul Kim
뮌헨 대성당 종탑 ©Benedict.C

02 거룩한 산으로 가는 하이킹 순례
마지막 계단 ©Benedict.C
안덱스 수도원 성당 주 제대 ©Giljae Lee
안덱스 피에타 ©Giljae Lee
안덱스 비어가르텐 ©Giljae Lee
도미틸라 카타콤바 ©Giljae Lee
발베르크 파노라마 레스토랑 ©Shutterstock
발베르크 장크트 크로이츠 소성당 ©Benedict.C

03 바이에른의 신앙이 시작된 은총의 장소 알퇴팅
베네딕토 16세 교황의 사목 방문 ©Altötting
그나덴카펠레 ©Giljae Lee
그나덴카펠레 한국인 순례 미사 ©Alex Kim
그나덴카펠레 제대 ©Alex Kim
카푸친 작은형제회 ©Altötting
왜관수도원 봉헌자 순례 미사 ©Giljae Lee
장크트 안나 수도원 문간방과 방명록 ©Giljae Lee
수도원 시장 ©Heiner Heine / Altötting
파사우 전경 ©Sina Ettmer Photography / Shutterstock
마리아 힐프 순례 성당 ©Sina Ettmer Photography / Shutterstock
마리아 힐프 순례자 계단 ©footageclips / Shutterstock

04 알프스 자락 영혼의 오아시스를 찾아서
베네딕트보이에른 ©FooTToo / Shutterstock
성 베네딕도 성해함 ©Giljae Lee

성 아나스타시아 성해함 ©Giljae Lee
아나스타시아 소성당 제단화 ©Alex Kim
에탈 수도원 ©4kclips / Shutterstock
바로크 양식의 에탈 수도원 내부 ©Giljae Lee
에탈 수도원 맥주 양조장과 비어가르텐 ©Alex Kim
아입호 © Benedict.C
에크바우어 등산로와 파르트나흐 협곡 ©Benedict.C

05 가정 성화의 모범을 찾아
아이히슈테트 장크트 발부르크 수녀원 ©trabantos / Shutterstock
발부르가 성유 ©Abtei St. Walburg
성 십자가 성물함 ©Giljae Lee
수도원 도서관과 수도원 제의방 ©Kloster Scheyern

06 도나우강 신앙의 요람 레겐스부르크 찾아서
장크트 엠메람성 ©trabantos / Shutterstock
장크트 엠메람 수도원 성당 ©Wirestock Creators / Shutterstock
장크트 엠머람 수도원 안뜰 ©Giljae Lee
그리스도 성탄 제대 ©Giljae Lee
돔슈파첸 ©Giljae Lee
도나우강과 레겐스부르크 구시가지 ©Frank Wagner / Shutterstock
벨텐부르크 수도원 ©Deutschland Abgelichtet / Shutterstock
유람선 선착장 ©Giljae Lee
벨텐부르크 수도원 성당 ©Giljae Lee
벨텐부르크 수도원 성당 제대 ©Giljae Lee

07 한국 교회의 뿌리를 찾아서
상트 오틸리엔 대수도원 성당과 수도원 마을 ©Erzabtei St. Ottilien
S-Bahn 안내판 ©Benedict.C
상트 오틸리엔 수도원 마을 ©Giljae Lee
수도원 마을 입구 ©Benedict.C
상트 오틸리엔 일상 ©Erzabtei St. Ottilien
공동 기도 시간의 수도자들 ©Erzabtei St. Ottilien
오틸리아 소성당과 제대 ©Giljae Lee
제대 아래 성 김대건 동상, 성 카를 르왕가 동상, 성해함 ©Benedict.C
선교박물관 ©Benedict.C
피정의 집 및 손님 숙소 ©Benedict.C
재봉틀 박물관 ©Benedict.C
수도원 공동묘지 ©Giljae Lee
명동 대성당 감론대 천개 ©Benedict.C
베른리트 장크트 마르틴 교육 센터 ©footageclips / Shutterstock

* 퍼블릭 도메인은 따로 표기하지 않았습니다.